Christian Anton Goering

Vom tropischen Tiefland zum ewigen Schnee

Eine malerische Schilderung des schönsten Tropenlandes Venezuela

Christian Anton Goering

Vom tropischen Tiefland zum ewigen Schnee
Eine malerische Schilderung des schönsten Tropenlandes Venezuela

ISBN/EAN: 9783744607483

Hergestellt in Europa, USA, Kanada, Australien, Japan

Cover: Foto ©Andreas Hilbeck / pixelio.de

Weitere Bücher finden Sie auf **www.hansebooks.com**

VOM TROPISCHEN TIEFLANDE

zum

EWIGEN SCHNEE.

VOM

TROPISCHEN TIEFLANDE

ZUM

EWIGEN SCHNEE.

EINE MALERISCHE SCHILDERUNG DES SCHÖNSTEN TROPENLANDES

VENEZUELA.

-

IN WORT UND BILD

VON

ANTON GOERING.

MIT 12 AQUARELLEN UND 54 TEXTILLUSTRATIONEN VON NACH DER NATUR AUFGENOMMENEN
ORIGINALZEICHNUNGEN.

—◦❧✦❧◦—

LEIPZIG

ADALBERT FISCHER'S VERLAG.

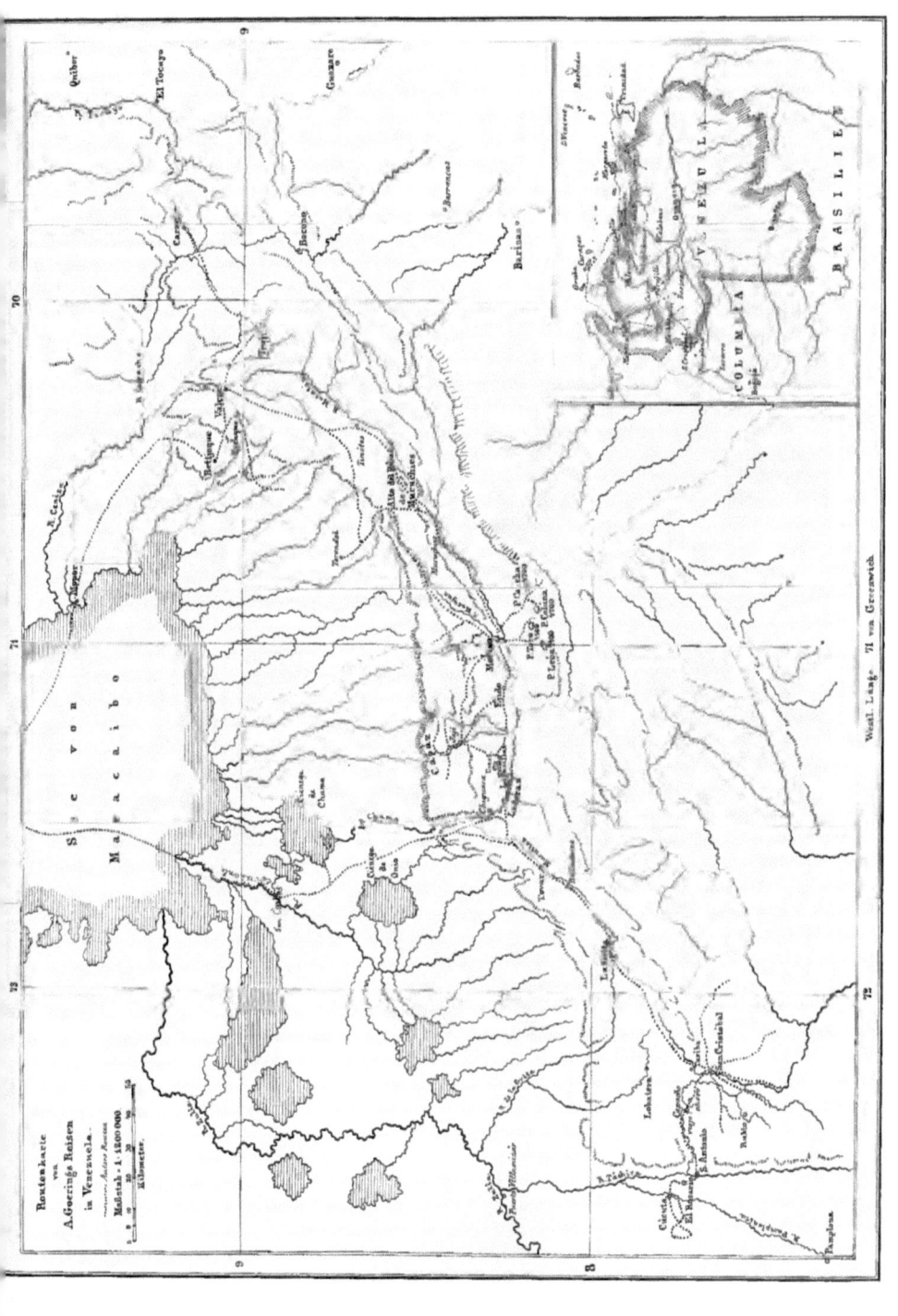

Routenkarte
von
A. Goering's Reisen
in Venezuela.

Maßstab 1:1850000
Kilometer.

Westl. Länge 71 von Greenwich.

EINLEITUNG.

er für die Schönheiten der Natur empfängliche Mensch findet in allen Zonen Stoff zur Bewunderung, selbst der unscheinbarste Gegenstand erregt sein Interesse, mag es in der einförmigen Grassteppe oder im friedlichen Eichenwalde der Heimath sein; immer wird er angeregt, weiter und weiter zu forschen. Wenn des Lebens Schicksal mit seiner ganzen Härte an ihn herantritt, findet der gemüthvolle Mensch Trost in der herrlichen Natur; immer und immer wieder zieht es ihn aus dem Treiben und Jagen der Welt hinaus in die Waldeinsamkeit, wo er beim melodischen Gesang der Vögel Ruhe und neue Hoffnung zum Weiterstreben findet.

Und wenn im Menschen der Sinn für die grosse reiche Natur geweckt wurde, dann regt sich in ihm der kühne Gedanke, der heisse Wunsch, in die Ferne wandern zu können, um die weite Welt in ihren ihm fremdartigen Erscheinungen kennen zu lernen. Was könnte nun wohl die Phantasie des Naturfreundes mehr anregen und befriedigen, als die Tropenwelt mit ihrem unerschöpflichen Reichthum und ihrer erstaunlichen Mannigfaltigkeit. Nur einen Blick in diese wunderbare Wirklichkeit thun zu dürfen ist der Wunsch so vieler Tausende, die an die heimathliche Scholle gekettet sind. Wem es aber von uns gelingt, wenn auch oft durch schweres Ringen, noch jugendfrisch und ausgerüstet mit entsprechenden Kenntnissen und Erfahrungen, in die Tropenwelt einzudringen, dieselbe in ihrer Urwüchsigkeit zu schauen, der darf sich sicher glücklich schätzen, denn er bringt Eindrücke und Erinnerungen für sein ganzes Leben heim, die er um Alles in der Welt nicht hingeben möchte.

Ich darf mich nun wohl zu den Glücklichen zählen, noch im jugendlichsten Alter, wenn auch nur zunächst oberflächlich, einen Blick in die Tropenwelt gethan zu haben. Unvergesslich wird mir der Augenblick bleiben, als ich im Jahre 1856 als Dr. Burmeisters Begleiter, nach sieben Wochen langer Seefahrt die Küste Brasiliens vor meinen Augen auftauchen sah, und zwar landschaftlich das schönste Küstenbild des ganzen grossen Brasilien, Rio de Janeiro! Es war zuviel des Schönen, was sich mit einem Male vor dem staunenden Auge gleichsam aus dem Meere emporhob. Nie werde ich den Ausspruch Burmeisters vergessen, den er that, als wir auf dem Gipfel des 2000 Fuss hohen Corcovado standen: „So, junger Mann, nun können Sie sagen, Sie haben das Schönste der Welt gesehen!" Er fügte aber auch gleich streng hinzu: „Dazu sind Sie noch gar nicht reif," was ich sehr wohl fühlte.

Wie ein berauschender Traum waren bald die wenigen Wochen, welche wir in der herrlichen Umgebung Rio's verweilten, vorüber geeilt und weiter ging's nach Süden, um Uruguay und Argentinien kreuz und quer zu durchstreifen. Noch schwebten uns die malerischen Landschaftsbilder Rio's vor Augen, als uns bei Annäherung an die Mündung des Rio La Plata das denkbar einförmigste Küstenbild entgegen trat. Schon weit ausserhalb der Tropen, dehnten sich hier hinter dem flachen Küstenstreifen die Campos von Uruguay und die Pampas von Buenos Aires bis zur scheinbaren Unendlichkeit aus. Ich stand betroffen auf dem Deck des Schiffes, welches, nun erst an unserem eigentlichen Ziele angelangt, die Anker fallen liess; kaum glaubte ich in Südamerika zu sein, so unendlich gross war der Abstand zwischen hier und dem unvergleichlichen Rio de Janeiro.

Trotz der verhältnissmässigen Einförmigkeit und trotz der schon weiter südlichen Lage vom Tropenkreise, erschien uns doch alles fremdartig und der Gegend eigenthümlich. An den Ufern des majestätischen Rio Paraná, eines der grössten Flüsse der Erde, hatte ich bereits Gelegenheit einen Blick in die subtropische

Pflanzenwelt zu werfen und das reiche den Flusslauf verfolgende Thierleben zu bewundern. Nun ging es quer durch die Pampas nach Mendöza! Bald hoben sich in weiter Ferne im Westen die mächtigen Cordilleren der Anden aus der meerähnlichen Ebene empor, die höchsten Gebirge Amerika's lagen vor uns. Am Fusse derselben liegt noch auf der Ebene, einer Oase gleich, die Stadt Mendöza, hineingebettet in eine süditalienische Culturlandschaft. Die weitere Umgebung dieser Stadt bildete unser besonderes Arbeitsfeld. Jeden Tag hatte ich bei unseren Ausflügen die grossartig schönen Cordilleren vor mir, konnte auch in dieselben eindringen, um zu sammeln und die charakteristischsten Punkte zu malen, so vor Allem den höchsten Schneegipfel Amerika's, den Aconcagua, mit seiner gewaltigen Umgebung.

Bei derartigen Arbeiten, wo ich mich so recht in die grossartige Gebirgslandschaft vertiefte, bedrückte mich ein eigenthümliches Gefühl; trotz der wunderbaren Beleuchtungseffekte auf den ruhigen, malerisch gebildeten Gebirgsmassen und Schneegipfeln wirkte die Oede und die aller Vegetation baare Starrheit unheimlich und die grösste, trostlose Einsamkeit kam hier voll und ganz zum Ausdruck. In solchen Stunden fühlt man so recht, wie erhaben, wie schön es ist, den Anblick des stillen aber ewig wechselnden Pflanzenlebens zu geniessen. Ich konnte damals noch nicht ahnen, dass es mir später vergönnt sein werde, Theile der Cordilleren kennen zu lernen, welche so recht innerhalb der Tropen liegen, wo alles das, was ich bei Mendöza vermisste, in verschwenderischster Weise vorhanden.

Nach mancherlei weiteren Kreuz- und Querzügen in Argentinien nach Europa zurückgekehrt, verliess mich nie der Wunsch, länger selbständig in den Tropen reisen zu können und es gehörte zu meinen Lieblingsgedanken, einen Aufstieg vom tropischen Tieflande zum ewigen Schnee durchzuführen, die verschiedenen Zonen in senkrechter Richtung langsam zu durchstreifen und auf diesem Anstieg die charakteristischen Abstufungen der Landschaften aufzunehmen, um aus ihnen Material für eine vorwiegend malerisch zu behandelnde Arbeit zu sammeln. Endlich kam der ersehnte Augenblick!

Als ich in London Venezuela als ein Feld vorschlug, wo noch erfolgreich gesammelt werden könne, wurde es mir durch die Fürsprache meines hochverehrten Gönners, des Dr. Sclater, Sekretärs der zoologischen Gesellschaft in London, möglich gemacht, selbst eine Forschungsreise nach Venezuela zu unternehmen. Kurz nach meiner Ankunft daselbst brach eine der dort fast chronisch gewordenen Revolutionen aus, was meinen Plänen hindernd entgegentrat. Erst nach jahrelangem Aufenthalte sollte mein Wunsch, den lang ersehnten Anstieg auf die Cordilleren von Mérida auszuführen, in Erfüllung gehen.

Acht Jahre lang weilte ich in diesem schönen Lande, wovon mehrere auf die Cordillerenwelt entfallen. In dieser Zeit erlebte ich drei Hauptrevolutionen und eine grosse Zahl sogenannter Revolutiönchen (Revolutioncitas genannt). Die durch dieselben nothwendig herbeigeführten Pausen benutzte ich zur Ausführung meiner Reiseskizzen, meinen Aufenthalt in den Küstenstädten nehmend, wo ich im Kreise liebenswürdiger Landsleute schöne Stunden verlebte, deren ich mich stets in Dankbarkeit erinnern werde. So konnte ich schliesslich ein reiches Material von Aufnahmen der dortigen Naturschönheiten, sowie zahlreiche Schätze aus der Pflanzen- und Thierwelt heimbringen, von denen ich den freundlichen Lesern einen Theil und sicher den interessantesten biete, wenn ich sie einlade, mir zu einem Aufstieg vom tropischen Tieflande zum ewigen Schnee zu folgen.

in 't huis van David van

ERSTES KAPITEL.

Das Europa am nächsten liegende Land, Venezuela, welches den nordöstlichen Theil des südamerikanischen Continentes einnimmt, erscheint uns auf der Karte im Verhältniss zu dem ungeheueren Reiche Brasilien klein, und doch ist es noch einmal so gross, als die österreichischen Kronländer. Es dürfte kaum ein anderes Land geben, das sich durch seine Lage, sowie seine horizontale und vertikale Gliederung, mehr auszeichnete als gerade Venezuela. Auf dem nach Codazzi 20,223 geogr. Quadratmeilen grossen Flächeninhalte sind alle landschaftlichen Abwechselungen vertreten, auf verhältnissmässig kleinem Raume finden wir die herrlichsten Landschaftsbilder und grössten Contraste theilweise eng aneinander gedrängt. Die Küstenbildung, deren Länge 381 geogr. Quadratmeilen beträgt, ist ungemein günstig und malerisch, sie übertrifft an Schönheit wohl alle anderen Küstengebiete Südamerika's. Da wir zunächst diese Küste passiren müssen, halte ich es für wichtig, bevor wir den eigentlichen Ausgangspunkt unseres Anstieges zur Cordillera von Mérida erreichen, die charakteristischsten Küstenscenerien, wenn auch nur flüchtig, dem Leser vorzuführen. —

Auch auf meiner zweiten Reise benutzte ich ein Segelschiff, dessen Endziel diesmal Trinidad war. Nach sechswöchentlicher Fahrt erblickten wir diese südlichste und schönste Insel Westindiens. Bald steuerten wir, vom Passat und der Meeresströmung begünstigt, an der Küste Trinidads entlang und befanden uns somit auf demselben Wege, den Columbus auf seiner dritten Entdeckungsreise eingeschlagen hatte. Nach geschichtlichen Ueberlieferungen hat Columbus schon damals die Insel Trinidad als in der Vorzeit mit Venezuela zusammenhängend betrachtet. Auf diesen Gedanken kommt der Beschauer unwillkürlich, wenn er die Küstenlinien vor sich sieht, und noch mehr, wenn man sie zeichnet, wie ich es thun konnte. Man wähnt die Verbindungslinien zwischen der Insel, den Einzelfelsen in den Mündungen (Bocas) der Bai von Trinidad, und endlich dem Festlande Venezuela's zu sehen. Unser grosser A. v. Humboldt hat vor nun fast 100 Jahren denselben Weg eingeschlagen, — welche Gedanken mögen ihn beschäftigt haben, als er die langersehnte Tropenwelt vor Augen hatte! — Lange bevor wir in die Bai von Trinidad hineinsteuerten, blickte ich mit eigenthümlichen Gefühlen auf das in südwestlicher Richtung vor uns liegende Festland mit seinen malerischen Gebirgsformen; die Augen ruhten auf den in duftiger Ferne liegenden höheren Berggipfeln, die die Lage von Caripe andeuteten, Humboldts erstes Arbeitsfeld in den Tropen!

3

Die Einfahrt in die Bai von Trinidad ist für ein Segelschiff nicht immer leicht; denn die oft gewaltige Strömung dem Meere zu tritt dieser hemmend entgegen. Ganz merkwürdig erscheinen uns sogleich beim Einfahren in die Bai die Strömungsstreifen. Hart abgegrenzt von vollständig ruhigen Wasserflächen, sehen wir ein rauschendes Wellenspiel vor uns; die gewaltigen Wassermassen, welche sich aus dem Delta des Orinoco in die Bai ergiessen, sind die Ursache. Die Glocken von Port of Spain, der Hauptstadt Trinidads, bieten uns nach langer Seefahrt den ersten ergreifenden Willkommengruss. Kaum lässt sich ein lieblicheres Bild denken, als der Anblick dieser schönen Insel im Innern der Bai. Nach kurzem Aufenthalt in Port of Spain, wo ich die Bekanntschaft lieber Landsleute und aufmerksamer Engländer machte, führten uns die westliche Strömung und der Passat bald an die Küste von Carúpano und erreichten wir die Bai von Carúpano in einer dunklen, schwülen Nacht. Nur einige matte Lichter deuteten uns die Lage der Stadt an und das ebenso matte Licht des Leuchtthurmes bezeichnete die Höhe, auf der dieses problematische Kunstwerk stehen musste. Aqui será, hier wird es sein, sagte der Patron unseres kleinen Küstenfahrers, der den Namen Garibaldi's führte, und warf den Anker über Bord.

Bald nach Mitternacht erhob sich ein Gewitter mit furchtbarem Donner, der tausendfach in den Schluchten und Thälern widerhallte. Die Blitze beleuchteten momentweise unsere Umgebung. Wie immer wechselnde Zauberbilder aus schwarzer Nacht, welche gedankenschnell wieder und wieder verschwanden, liessen sie uns eine herrliche Umgebung erwarten und machten uns noch mehr gespannt auf den folgenden Morgen. Noch sollten wir, kaum am Ziele unserer Fahrt, auch schon den Genuss eines echten tropischen Regens haben, der sich mit dem allmählichen Verhallen des Donners über uns ergoss. Ohne irgend welchen Schutz, denn eine Kajüte gab es nicht, mussten wir mehrere Stunden lang dieses Bad aushalten. Als der ersehnte Morgen dämmerte, war es wieder schönes Wetter und die hervorbrechenden Strahlen der Sonne beleuchteten das erste Küstenbild Venezuela's. Die Bai von Carúpano bildet ziemlich einen Halbkreis, an dem die ersten Häuser der Stadt stehen. Rechts erhebt sich als Ausläufer des Küstengebirges ein bedeutender Hügel mit den Resten eines spanischen Forts; alte Kanonenrohre liegen zwischen den Cactus- und Mimosenhecken. Ein elendes Wachthäuschen mit Signalstange ist die ganze Neuerung; von hier aus werden den Bewohnern die ankommenden Schiffe gemeldet. Links von uns schiebt sich halbinselartig ein steil in's Meer abfallender Felsen hinaus, auf dem der Leuchtthurm steht. Die Stadt liegt in einer Ebene, die östlich und westlich von niedrigen Ausläufern des Küstengebirges umgeben wird. Doch bevor wir das Küstengebiet Carúpano's näher schildern, lassen Sie uns erst zum Landen schreiten. Noch in der Dämmerung kam ein fast in Lumpen gekleideter farbiger Soldat mit einer verrosteten Feuerschloss- flinte an Bord, der die Zollvisite anmeldete und uns bewachte, bis letztere nach langem Warten erschien. In dem Boote der Visite wurde an Land gefahren, wir vermochten aber nicht die ziemlich weit in die Bai hinaus gebaute Landungsbrücke zu erreichen, da die Brandung zu stark war und die Wellen zu heftig anschlugen. Nach einigen vergeblichen Versuchen steuerte das Boot nach der linken Seite der Molle, wo die Brandung langsam und regelmässig über das ganz flache, sandige Ufer dahinrauschte. Am Strande standen schon mehrere halbnackte braune Guaiquerie-Indianer, noch Nachkommen der Urbewohner dieser Küste. Der Bootsführer passte genau die für die Landung günstige Wasserbewegung ab und plötzlich sassen wir, über den Wasserwall hinweg, im Sande fest, aber immer noch 50 Schritte vom trockenen Ufer. Die Guaiqueries hatten ebenso aufgepasst und im nächsten Augenblicke boten sie uns ihre Schultern, um darauf an's Land zu reiten. Durch einen Zufall stürzte ich beim Absteigen kopfüber in den allerdings weichen Ufersand, wodurch ich eine ganze Heerde schwarzer Hausschweine, die sich in dem feuchten, kühlen Sand eingewühlt hatten, aufschreckte. Dies war meine Landung in Venezuela! Die Zollangelegen- heiten waren sehr bald erledigt, da der Zolldirector, ein General, nichts Werthvolles in meinem Koffer fand.

Zu beiden Seiten hart an der Stadt stossen wir sogleich auf eine charakteristische Küstenflora, die sich, noch in ihrem wilden Zustande, an die Culturen der Stadtumgebung herandrängt. Sie besteht vor- wiegend aus niedrigem Mimosengestrüpp, das mit Cacteen und Agaven (siehe Bild) durchsetzt ist. Diese drei Pflanzenformen bedingen den äusseren Charakter der urzuständigen Landschaft und erst näher ein- dringend findet man noch unzählige untergeordnete Pflanzenarten. Schon hier ist die Dichtheit, besonders durch die stachlichen Cacteenhecken oft so bedeutend, dass es nicht möglich erscheint, sich durchzuarbeiten. Unser Bild zeigt, dass sich in dieser Flora gerade die Agave americana mit ihren hohen, armleuchter- artigen Blüthenschäften besonders hervorhebt. Hier fesselt uns auch noch eine der schönsten Kolibri- arten, Chrysolampis moschitus. Dieser Vogel ist an der Kehle goldfarbig, der Oberkopf carminroth und der übrige Theil des Gefieders dunkelbraun. Oft zu fünf, acht und noch mehr Exemplaren umsummen sie die gelben Blüthen der Agaven; bei hellem Sonnenschein glauben wir um die Blüthen tanzende Feuerfunken zu sehen. Noch ein anderer prachtvoll gefärbter Vogel belebt diese Buschlandschaft der Küste, der feuer-rothe Cardinal, Cardinalis phoeniceus, den man häufig, sich auf den leichten Zweigen der Mimosen wiegend, antrifft. Ich hebe diese beiden Vögel als reizende Staffage dieser Landschaft besonders hervor, weil sie gerade dieser angehören und uns in anderen Gegenden, im hochgewachsenen Urwald, nicht wieder begegnen. Wie an allen tropischen Küsten, so treten uns auch hier die schlankstämmigen Cocospalmen als Culturbäume entgegen. Sie heben ihre prachtvollen Blätterkronen über die Culturpflanzen der Nieder-lassungen, bilden eigene aus Tausenden bestehende Haine, oder stehen einzeln und reihenweise am Meeres-gestade, wo sie in dem von Seesalz durchdrungenen Boden die besten Bedingungen zu ihrem Gedeihen finden.

Die schönste Bai an der ganzen venezolanischen Küste, Guayacan, befindet sich nur wenig westlich von der Stadt, von der sie durch den Signalberg getrennt ist. Von hier sehen wir einen grossen Theil der ganzen Küstenformation malerisch zusammen gruppirt, weite sandige Uferstreifen, über die langsam und regelmässig die Brandung rollt. Etwas höher liegt die oben skizzirte Buschlandschaft, steile Felsabstürze, an denen sich die schäumenden Wellen brechen, und in westlicher Richtung sehen wir die Formen des Küsten-

Küstenflora mit Agaven.

gebietes, bis endlich der Blick hinausschweift auf das Karaibische Meer. Zu den Darstellungen dieser hochinteressanten Küstenscenerie geben wir in einem der nächsten Hefte ein Aquarell-Vollbild. Von hier aus unter-nahm ich mehrere Reisen in das Innere bis an das Delta des Orinoco und hielt mich drei Mo-nate in dem schönen, durch Humboldt zu klas-sischem Ruhme gekom-menen Thale von Caripe auf, wo ich mit den dortansässigen Chaymos-Indianern die grossar-tige Guacharo-Höhle be-suchte. Hier war es, wo Humboldt den merk-würdigen Höhlenvogel, den Guacharo, Steator-nis caripensis, entdeckte. Dort gelang es mir auch mit einigen Indianern, noch mehrere grosse, prachtvolle Guacharo-höhlen aufzufinden.

Weiter westlich von der Bai Guayacan treffen wir auf grossartige natür-liche Salinen, welche nur hie und da ohne grosse Mühe abgedämmt sind, da sie sonst von Corallen-riffen geschützt werden. Das Seesalz wird durch Verdunstung gewonnen. In den hinter den Riffen und Dämmen befind-lichen sogenannten Salz-pfannen verdunstet das immer nachdringende und auch die Flächen überfluthende Wasser und krystallisirt weiss aus. Wie der treffliche Bergter auch richtig über die Salinen von Curaçao bemerkt, bietet diese Anlage einen grossartigen Anblick, indem die über dem Salz stehende Salzlauge (vielleicht in Folge geringen Gehaltes von Eisen und Mangan) ein rosafarbenes Licht reflektirt, so dass das Ganze mit den unzähligen Salzkrystallen den Eindruck eines mit vielen kleinen Edel-steinen besetzten Gewebes macht.

Auf der kleinen Insel Curaçao sind die Salinen, wie ich selbst sah, nur unbedeutend, während die-selben theilweise an der Küste von Venezuela eine sehr grosse Ausdehnung haben. Wenn die Verdunstung auf den weiten Flächen eine vollständige ist, vermag das Auge kaum auf die glitzernde Salzdecke zu blicken. Carupano und damit die Küste von Paria verlassend, steuern wir nahe an den grössten der vene-zolanischen Inseln, dem durch seine Perlenfischerei früher bekannten Margarita, vorüber, weiter nach Westen und gelangen bald auf die Höhe von Cumaná. Von hier aus bis in die Nähe von La Guaira ist die Küste meist flach und erst nahe an der Mündung des Rio Tuy erblicken wir den höchsten Theil der Küsten-Cordillera mit der 8000 Fuss hohen Silla de Carácas und dem noch 500 Fuss höheren Naicuata. Es ist dies ein grossartiger Anblick, denn das Gebirge hebt sich mit mächtiger Steilheit, ja an vielen Stellen senk-recht empor. Gleich einem Schwalbennest, in die Felsen eingebaut, liegt La Guaira, die Hafenstadt von Carácas. Direct hinter der Stadt führt ein alter, noch aus der spanischen Zeit stammender Reitweg westlich von der Silla über das Gebirge, und noch westlicher neuerdings eine Eisenbahn, welche einen grossen Bogen beschreibt, um den günstigsten Gebirgsübergang zu suchen. Diesen Reitweg verfolgend, eröffnet sich uns ein prachtvoller Anblick, sobald wir die höchste Stelle desselben überschritten haben, das Hochthal von Carácas mit der schachbrettartig im Thal liegenden Hauptstadt der Republik, liegt vor uns. Da wir ja möglichst bald das Küstengebiet verlassen wollen, enthalten wir uns einer ausführlichen Beschreibung, geben aber später ein Aquarellbild, welches die ganze Schönheit des Thales von Carácas vor Augen führt. Ebenso berühren wir Puerto Cabello und den See von Valencia nur flüchtig, eine Theilansicht von letzterem und zwar von Westen nach Osten gesehen ist als Aquarellbild diesem Hefte beigegeben. Doch dürfen wir Puerto Cabello nicht verlassen, ohne einen Blick in einige besonders bemerkenswerthe Küstenscenerien zu thun, die wir in nächster Nähe finden. Es sind dies die Korallenriffe bei Patanemo, östlich von der Stadt, welche sich durch ein eigenthümliches Schauspiel auszeichnen, nämlich die Bufadores (bufar = brausen), wie es die Eingeborenen nennen. Vom Küstengebirge schieben sich vielfach steil abfallende Felsmassen bis ans Meer

und bis an die sich tischartig über das Wasser hebenden Riffe. An diesem einsamen Küstenpunkte halten sich oft Tausende von interessanten Wasser- und Strandvögeln auf. Vorwiegend sind es Pelikane (Pelicanus fuscus), welche besonders bei Eintritt der kurzen Tropendämmerung in grossen Zügen ankommen und auf den Felsen und Riffen ihre Ruheplätze suchen. Ganz abweichend von unserer europäischen Gattung fangen diese Vögel die Fische gleich dem Fischadler, indem sie von der Höhe herab ins Wasser stossen.

Korallenriffe mit Bufadores.

Immer mehr bedecken sich die Felsen und inzwischen erhebt sich vom Meere aus eine kräftige Brise, welche die Brandung mit aller Kraft herantreibt. Jetzt beginnt ein neues, höchlich überraschendes Schauspiel! Mit Macht brausen die Wellen daher, schäumend brechen sie sich an den Felsen und ihre scheinbar kochenden Wasser drängen sich in die unterhöhlten, nach allen Richtungen durchlöcherten Korallenriffe. Plötzlich schiessen Tausende, sich mannigfaltig, je nach der Richtung der Löcher, durchkreuzende Wasser-

strahlen springbrunnenartig empor. Die kräftige Pressung der Brandung verursacht, dass die Strahlen donnernd durcheinander spielen. Dumpfe Schüsse mischen sich in das Rauschen der Wellen. Unsere Pelikane scheinen dieses eigenthümliche Sturzbad zu lieben, flatternd sitzen sie da und lassen das Wasser auf sich fallen. Komisch zugleich sieht es aus, wenn diese ungeschickten Vögel ihre mit grossen Schwimmhäuten besetzten Füsse unvorsichtig auf die Löcher stellen und emporgestossen werden. Man hört aus weiterer Ferne schon die schussartigen Töne und glaubt als Neuling, dass irgendwo an der Küste ein Gefecht stattfindet. — An diesem Gestade, besonders weiter nach Westen, finden sich die herrlichsten Korallenarten, welche fleissig gesammelt werden.

Da wo sich theilweise das Flachland weit vorschiebt und die vom Gebirge herabkommenden Flüsse sich ins Meer ergiessen, stossen wir, wie beispielsweise unmittelbar bei Puerto Cabello und weiter westlich bei Tucácas und Chicheriviche, auf die fast allen tropischen Küsten eigenen Mangroven. Diese ganz sonderbare Küstenpflanze scheint am besten im brackischen Wasser zu gedeihen, rückt aber auch da, wo das Wasser flach ist, weit ins Meer hinaus, was hauptsächlich bei Tucácas der Fall ist. In Venezuela bildet Rhizophora mangle die Hauptbestände der Manglares, wie die Manglewälder von den Eingeborenen genannt

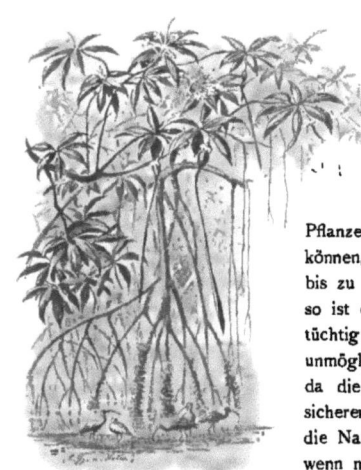

Mangroven.

werden; neben dieser kommen noch einige andere Arten vor, wie Laguncularia racemosa und Avicennia tomentosa, welche aber zur Veränderung des Landschaftsbildes nichts beitragen; wir haben es hier mit ersterer Form zu thun. Ein Blick auf unser Bild zeigt, dass die mannigfaltig sich durchkreuzenden Wurzelstelzen, da wo die Mangroven dicht stehen, ein undurchdringliches Gewirr bilden und dass die eigentlichen Stämme, von den Wurzeln getragen, über dem Wasser schweben, wesshalb die Pflanze auch mit Recht Wurzelträger genannt wird. Die Mangroven können, da wo sich alle Bedingungen zu ihrem Gedeihen finden, eine Höhe bis zu 100 Fuss erreichen. Will man in den Manglar selbst eindringen, so ist es besonders bei jüngeren Beständen nothwendig, das Waldmesser tüchtig zu schwingen. Ueberhaupt ist es höchst mühsam und theilweise unmöglich, in dem Wurzelgerüst über dem Wasser vorwärts zu klettern, da die zumeist glatten, weissgrauen Verzweigungen nur einen sehr unsicheren Halt gewähren und zu eng an einander stehen. Hingegen kann die Natur dieser merkwürdigen Pflanze leicht und genau studirt werden, wenn man die vielen Canäle und Lagunen dazu benutzt. Hochinteressant ist eine derartige Fahrt, denn der Grund des Canales, der meist ziemlich flach ist, zeigt bei der grossen Klarheit des Wassers jede Einzelheit des reichen Pflanzen- und Thierlebens. Unzählige hellrothe Seesterne fallen besonders in die Augen, vielfach gefärbte grosse und kleine Krabben klettern im Gezweig herum. An den Wurzelstelzen haften, theilweise in grossen Mengen vorkommend, die sogenannten Mangleaustern (Ostrea calcar), welche von den Eingebornen wie auch von Ausländern gern gegessen werden. Das Landschaftsbild der Manglares ist beständiger Veränderung unterworfen; während wir jetzt in einem der labyrinthischen Wasserwege dahinfahren, dürfen wir annehmen, dass derselbe nach verhältnissmässig kurzer Zeit vollständig geschlossen wird; denn sobald die dünnen herabhängenden Luftwurzeln den Boden erreicht haben, wachsen sie in ihn ein und bilden nun ein neues Wurzelgerüst. In dieser Weise besonders scheint die weitere Ausbreitung der Mangrove vor sich zu gehen, wenn auch der herabfallende Same neue Sprösslinge treibt. Die Mangroven sind ein ausgezeichnetes Sammel- und Jagdgebiet. In dem dichten Gezweig schlüpfen mancherlei Arten kleiner Buschvögel herum, auch Papageien, aber alle weniger buntfarbig, leben hier. Besonders aber sind es Wasser- und Sumpfvögel, welche uns in die Augen fallen und von diesen gilt als hervorstehend der prachtvoll rothe Ibis (Ibis rubra) welcher in Massen auf den kleinen Grasinseln oder hinter den Mangroven auf sumpfigem Boden emsig nach Würmern, Käfern u. s. w. sucht. Weisse Silberreiher sitzen auf den Aesten, Scheerenschnabel, Möven und Seeschwalben streichen über die Canäle und Lagunen hin und wenn wir Glück haben, erkennen wir auch den Fregattvogel, welcher seine Rast auf dem höchsten Gipfel einer alten, dürren Mangrove gefunden hat. Ebenso jagt hier von Zeit zu Zeit der schöne Wanderfalke. Sehr überrascht wurde ich schliesslich durch die Erscheinung eines auch Deutschland angehörigen Vogels, des über die ganze Erde verbreiteten Fischadlers, welcher durch einen Schuss in meine Hände fiel.

Wenden wir uns nun, die Manglares verlassend, dem Küstengebirge zu, so treffen wir wieder zunächst dieselbe Flora wie die bei Carúpano skizzirte, aber gleich hinter dem nächsten Bergrücken zieht sich in südlicher Richtung das schönste Küstenthal Venezuela's, San Estéban, hin. Hier entfaltet sich mit einem Male alle Pracht der Tropen, ausgedehnte Zuckerrohrfelder, Kaffee- und Cacaoplantagen umsäumen den das Thal durchströmenden Fluss, den Rio de San Estéban. Eine Stunde von der Küste, ziemlich weit oben im Thale, liegt der Ort gleichen Namens, mit reizenden, ganz mit europäischem Comfort ausgestatteten, zumeist Deutschen gehörigen, Villen. Dieselben sind von prächtigen Gärten umgeben, die eine Fülle tropischer Pflanzen bieten, wie sie keine Natur in reicherem Masse aufweisen kann. Die Gegensätze berühren sich hier in auffallendster Weise; während wir zum Beispiel den uns an die liebe Heimath erinnernden Tönen des Pianos lauschen, erschallt zugleich das unheimliche Geheul der Brüllaffen aus den Wäldern der das Thal umgebenden Berge. Der Weg von Puerto Cabello nach San Estéban ist am frühen Morgen und Spätnachmittag, wenn die Kaufherren nach der Stadt reiten und zurückkehren, ungemein belebt; auch Felderzeugnisse werden auf Eseln, Maulthieren und Karren massenhaft in die Stadt gebracht. — Das freundliche Puerto Cabello liegt auf einer flachen Halbinsel, zwischen dieser und einer Insel mit dem Castell und Leuchtthurm, befindet sich der vollständig ruhige Hafen. Da die Entfernung von San Estéban eine so kurze ist, werden auch viele Ausflüge, besonders Sonntags, dahin unternommen; jeder Reisende, wenn ihm der Aufenthalt des Dampfers Zeit lässt, versäumt nicht nach dem schönen Thale zu wandern und nimmt gewiss eine der angenehmsten Erinnerungen an Südamerika mit. Auch ist hier die Hitze weniger drückend als in der Stadt, wo die mittlere Temperatur auf 27° R. steigt. Nach allen Richtungen führen Wege und Waldpfade, so dass es leicht ist die lohnendsten Ausflüge zu unternehmen, und schon hier, in unmittelbarer Nähe, einen Einblick in den tropischen Wald zu gewinnen. Bei Uebersteigung des Küstengebirges geniesst man von dem 5000 Fuss hohen Uebergange den ersten Blick auf den See von Valencia. Der in all seiner Schönheit unter uns sich ausbreitende inselreiche See ist im Norden und Westen von einer weiten Ebene umgeben, welche sich als ein reiches Feld menschlicher Betriebsamkeit darstellt; denn überall heben sich Ortschaften, Niederlassungen und Plantagen aus dem üppigen Pflanzenwuchse heraus. San Estéban und die Umgebung des Sees von Valencia waren für mich treffliche Sammelfelder.

Unsere Reise von Puerto Cabello per Schiff fortsetzend, nähern wir uns bald der schon erwähnten Felseninsel Curaçao, die uns, beiläufig bemerkt, den bekannten Schnaps liefert, und statten dort einen kurzen Besuch ab. Sie ist die grösste von einer Inselgruppe, welche zu Holland gehört. In den schönen tiefen Hafen, um welchen sich die einzige Stadt der Insel, Willemstad, gruppirt, hineinsteuernd, bemerken wir sofort, dass wir uns ausserhalb Venezuela's befinden, da die Bauart vollständig holländisch ist und überall die beste Ordnung herrscht. Aber die trockene, wasserarme Insel bietet in ihrer Urnatur wenig Interessantes, da sie nur mit Mimosen und Cactus bewachsen ist. Wir finden in dieser Beziehung nichts, was wir nicht besser, entwickelter, in Venezuela gesehen hätten. Curaçao ist indess ein wichtiger Handelsvermittelungspunkt mit dem Festlande, wesshalb hier eine Menge Schiffe ein- und auslaufen, so dass der vorzügliche Hafen fortwährend sehr belebt erscheint.

Im grellen Gegensatze zur östlichen Küste von Carúpano und La Guaira steht nun der westliche Theil Venezuela's, was uns sofort auffällt, sobald wir in den Golf von Maracaibo einfahren. Flache Uferstreifen ziehen sich links von uns hin, und nur die rechts vor uns liegenden Hügelreihen der Halbinsel Goajira bringen einige Abwechselung in das einförmige Bild. Der Golf von Maracaibo (el sacco) ist in der Regel sehr bewegt durch kräftigen Wind, der uns indess günstig ist, so dass wir die Einfahrt in den grossen See von Maracaibo bald erreichen. Nachdem wir einen Lootsen an Bord genommen haben, welcher uns über die nicht ungefährliche, enge und sandige Barra, die Mündung des Sees in den Golf von Maracaibo, führt, verlassen wir das Küstengebiet und nun geht die Fahrt in südlicher Richtung nach Maracaibo! Ueberall an den Ufern ist Flachheit und nur spärlicher Pflanzenwuchs. Rechts von uns, aber unsichtbar, liegt in einer Bucht das Goajira-Indianerdorf Sinamaica, aus Pfahlbauten bestehend. Weiter südlich, noch weit vor der Stadt, lernen wir ein anderes Pfahldorf derselben Indianer kennen (siehe Bild). Diese Wasserortschaften sollen den ersten Spaniern die Veranlassung gegeben haben, das Land Klein-Venedig, woraus dann Venezuela entstanden ist, zu nennen. In der Mitte dieses nördlichen Seetheiles hebt sich eine mit Mangroven bewachsene Insel hervor, während wir am rechten und linken Ufer des Sees ausgedehnte Cocospalmenhaine erblicken. Um einen Uservorsprung fahrend, liegt mit einem Male die bedeutende Handelsstadt Maracaibo, Hauptstadt des Staates Zulia, vor uns, ein interessantes Häuserbild, aber ohne Hintergrund; denn auch hier ist die Umgebung flach und spärlich bewachsen.

Wir werden hier von unseren Landsleuten auf das Freundlichste aufgenommen. Auch diese haben, wie in San Estéban, ihre Sommerfrische in den sogenannten Haticos. Hier finden wir indess nicht den üppigen Pflanzenwuchs wie dort, nur unzählige Cocospalmen überschatten die behaglich eingerichteten Landhäuser (siehe Bild). Obgleich ich erst später auf die Bevölkerung Venezuela's näher eingehen werde, möchte ich doch gleich hier der Goajiros einige Erwähnung thun. Sie bewohnen, noch unabhängig, hauptsächlich die Halbinsel Goajira und treiben dort vorzugsweise Viehzucht. Fremden gestatten sie nicht, oder wenigstens nur unter sehr schwierigen Bedingungen, festen Sitz in ihrem Lande zu nehmen. Aber nach der Stadt kommen sie und es wird ihnen kein Hinderniss in den Weg gelegt. Sie bringen hier ihre gesuchten Goajiropferde auf den Markt und man sieht ganze Familien durch die Strassen wandeln, vom Erlös ihrer Pferde Waaren kaufend und sehr oft auch bettelnd. Ich habe mehrere Goajiros gezeichnet und brachte es bei einer solchen Arbeit, weil ich sie auf der Strasse vornehmen musste, zu einem Auflaufe. Zunächst war es schwer, den Betreffenden trotz Geldanbietungen zu bestimmen, mir das Gesicht preis zu geben, erst nach langem Zureden des Dolmetschers — denn Spanisch verstand dieser Indianer nicht — hielt er einige Zeit still, während seine Begleiterinnen, und besonders die alte braune Mutter, ein widerliches Geheul anstimmten. Wie mir der Dolmetscher mittheilte, glauben diese Leute, dass man ihnen dadurch noch in der Ferne Böses zufügen könne, was ich auch schon früher in Argentinien erfahren hatte,

8

Puerto Utica

Pfahldorf der Goajiros.

als ich hinter dem Rücken Burmeisters die Frau eines Häuptlings zeichnete. Immer mehr Menschen, zu Fuss, zu Esel und zu Pferde drängten heran und schoben sich zwischen mich und den Indianer, bis in der Strasse die Passage gehemmt war. Bei der grossen Hitze wurde unter diesen Umständen die Arbeit weit mehr erschwert, und noch hatte ich meine Skizze nicht ganz fertig, als ein Trupp Polizei-Soldaten erschien, um die Masse auseinander zu treiben, wobei es, bei der grossen Respectlosigkeit gegen die Polizei, zu manchen komischen, aber auch thätlichen Auftritten kam. Der Polizeiofficier sagte mir, ich solle mich nur nicht stören lassen und könne immer weiter arbeiten. Ich nahm mir aber vor, nicht wieder in den Strassen derartige Menschenstudien zu machen.

Nach mehrtägigem Aufenthalt in Maracaibo, wo ich meine Ausrüstung für die Cordillerenreisen unter Beihülfe einiger erfahrener Landsleute vervollständigte, wurde ein kleines Segelschiff bestiegen und nach kurzem, herzlichen Abschiede die Reise nach dem südlichen Ufer des Sees von Maracaibo angetreten. In neuester Zeit sind für diese Fahrten kleine Dampfer eingerichtet.

Im nördlichen Theile des Sees fällt viel seltener Regen als im südlichen; der Himmel des letzteren ist fast immer bewölkt und gewitterschwül. Oft treten, und zwar ganz plötzlich, Veränderungen des Wetters ein. Wasserhosen sind nicht selten, ebenso Wirbelstürme, welche uns schnell überraschen und gleich schnell wieder verschwinden, trotzdem aber den kundigen Schiffer nöthigen, seinen Cours zu ändern. Sorglos bemerkt der Neuling eine dunkle Wolke in nicht zu weiter Ferne; doch der Schiffspatron kennt ihre Bedeutung und lässt wenden, um der herannahenden Gefahr zu entgehen und womöglich so lange in eine Bucht einzulaufen, bis der Chubasco, wie diese Wirbelstürme von den Eingeborenen genannt werden, über uns hinweggebraust ist. Wir wurden nicht allein durch den Chubasco veranlasst, die Wegrichtung für kurze Zeit zu ändern, sondern auch durch ungeheuere Massen von Mosquitos, welche in der Ferne wie grosse Wolken erscheinen. Sie stammen aus den grossen, die südliche Hälfte des Sees umgebenden Sümpfen und machen diese Gegend unbewohnbar für den Menschen. Bei ruhiger Luft heben sich diese Plagegeister über die Sümpfe und werden dann gar oft durch plötzlich eintretende Brisen in wolkenähnlichen Haufen weiter getrieben, wodurch sie zuweilen ihr Grab in den Fluthen des Lago finden.

Der trübe Himmel im Süden verhüllte uns noch den Anblick unseres Reisezieles, dem wir ziemlich nahe kamen, bis die dunkle Nacht hereinbrach. Nun begann über dem Waldmeer des Zuliagebietes das unaufhörliche Wetterleuchten der Fuegos del Catatumbo, der Feuer des Rio Catatumbo, welche den ankommenden Schiffen im Golf von Maracaibo die Einfahrt in den Lago bezeichnen. Mit kaum grösserer Spannung hatte ich jemals den nächsten Morgen erwartet; noch lange vor Sonnenaufgang war ich auf Deck. Ein klarer Himmel wölbte sich über uns und liess uns einen heiteren Morgen erwarten. Wir befanden uns bereits nahe am südlichen Ufer und konnten schon die dunklen Waldmassen, welche den

Ufersaum bilden, erkennen. Endlich dämmerte es auf der Waldniederung und dabei fielen die ersten Strahlen der Morgensonne auf die im Hintergrunde auftauchende, gleichsam wie aus einer Laterna magica heraustretende Cordillerenkette, welche nun in brillanter Beleuchtung strahlte, während das unter ihr liegende Tiefland noch kurze Zeit undeutlich erschien. Bald hob sich die Sonne über die mit Schnee bedeckten Bergriesen und jetzt lag endlich das entzückendste Landschaftsbild in all seiner Grossartigkeit und voller Klarheit vor uns.

Zuliatiefland mit der Cordillera im Hintergrunde.

ZWEITES KAPITEL.

Im Zulia-Gebiet.

Caña brava.

Es fällt sogleich in die Augen, dass das Ufer des südlichen Theiles vom Maracaibo-See ungemein mannigfaltig geschnitten ist. Eine grosse Anzahl von Buchten (Ensenádas) und Flussmündungen bedingen diese höchst malerische Abwechselung. Theilweise, wie besonders bei dem Hafenorte Moporo, tritt der Hochwald hart an den See heran, während an Flussmündungen, wie zum Beispiel an der des Rio Escalante, der Pflanzenwuchs vorwiegend niedrig ist. Schon lange bevor wir in die Mündung des genannten Flusses eindrangen, sahen wir Proben der reichen Pflanzenwelt auf dem Lago schwimmen. Baumstämme, Früchte, einzelne Aeste und eine Menge Wasserpflanzen wiegen sich auf den Wellen des Sees und erregen unsere Aufmerksamkeit. Diese schwimmenden Inseln werden durch die Strömungen der zahlreichen Flüsse herausgetrieben. Auf vielen haben sich Wasservögel zeitweise niedergelassen und unser Blick trifft überall auf ein interessantes Einzelbild. Der See von Maracaibo ist eine grosse Fundstätte zahlreicher Fischarten und anderer Wasserthiere, die uns während der Fahrt Unterhaltung boten. Hier würde ein besonderer Fachmann jahrelang zu arbeiten haben, wir aber steuern nun zunächst in den Rio Escalante hinein, weil uns ein Flusslauf vorläufig leichter freie Blicke in die Pflanzenwelt thun lässt, als ein enger Waldpfad, den wir später zu schildern haben. Unser Fahrzeug hatte nur wenig Tiefgang, wie alle die kleinen See- und Flussschiffe. Sobald wir uns innerhalb der Mündung befanden, trat vollständige Windstille ein. Nun begann die Arbeit der Mannschaft, indem das Schiff mittels langer Stangen stromaufwärts bewegt werden musste, wobei ich Muse genug hatte, die Uferscenerie zu betrachten. Noch ist es vorläufig Schilf, über welches sich hie und da grosse Bestände der Caña brava (Gynerium saccharoides) mit ihren fächerartigen Blätterkronen und weissen Blüthenbüscheln heben. Die Stämme dieses grossen Sumpfgrases sind 30—40 Fuss hoch, holzig, und nur 1—2 Zoll stark, so dass sie, von dem leichtesten Windhauch bewegt, einen reizenden Anblick bieten. Für die Bewohner ist diese Pflanze, welche übrigens auch in höher gelegenen Gegenden an Fluss- und Seeufern gedeiht, von grosser Bedeutung. Man benutzt sie zu den Wänden und Dächern der Hütten, indem die langen schlanken Stiele eng an einander gefügt und mit dünnen Lianen zusammengebunden werden. Die Blätterbüschel über einander geschichtet und wieder mit Lianen befestigt, vervollständigen die Dichtheit der Wände und Dächer. Vor den geschlossenen Schilfwänden schwimmen grosse Nymphaeen und Hunderte ihrer weissstrahlenden Blüthen entzücken das Auge. Je weiter wir vorrücken, um so mehr ragen einzelne Baumriesen aus dem niedrigen Buschwerk empor. Diese Vorboten der dichten Waldlandschaft mahnen uns, dass wir nun bald von dieser eng umschlossen sind, und Abschied nehmend schweift unser Auge von der Flussscenerie nochmals hinauf zu den fernen Cordillerenhäuptern!

Urwaldianeres.

Wir befinden uns in einer von der Natur ähnlich ausgestatteten Region wie die am Orinocodelta. Es vereinigen sich hier, also westlich von der Cordillera, alle Bedingungen, die geeignet sind, einen Naturreichthum zu schaffen, wie er, betreffs des Pflanzen- und Thierlebens, nicht grossartiger und mannigfaltiger gedacht werden kann. Die ganze grosse Tieflandebene, welche den südlichen Theil des Sees von Maracaibo umgiebt, hat ungefähr die Grösse Sachsens und hatte in der Vorzeit noch eine viel bedeutendere Ausdehnung, denn sicher reichte sie fast bis nach der Stadt Cucutá in Columbien. Diese neuere Schlammlandbildung wird von zahlreichen Flüssen durchströmt, von denen sich die meisten in den See ergiessen, während viele andere nur die zwischen den Flussläufen befindlichen Lagunen und Sümpfe erreichen. Die Flüsse entspringen alle in der nachbarlichen Cordillera und führen der Urwaldebene fortwährend neue Nahrung zu. Während der Regenzeit treten sie aus ihrem Bette, überschwemmen grosse Urwaldstrecken, dadurch neue Lagunen und Sümpfe bildend. Erstere, vielfach von bedeutender Grösse, sind zuweilen so mit Wasser- und Sumpfpflanzen überwachsen, dass man auf ihnen nur hie und da kleinere Wasserflächen zu erblicken vermag. Der bedeutendste Fluss ist der Rio Catatumbo, welcher ganz im Westen in den See mündet, während die Mündung des zweitgrössten, des Rio Escalante, welchen wir befahren, weiter östlich liegt und hier Boca Zulia heisst. Beide Flüsse haben einen sehr mannigfach gewundenen Lauf und wechseln vielfach in ihrer Breite, so dass wir jeden Augenblick ein anderes Bild vor uns haben.

Noch bevor wir den geschlossenen Wald erreichten, begegneten wir zwei eingeborenen Fischern, welche in ihrem leichten Boote, einem ausgehöhlten Baumstamme (Curiara), hart am Ufer hinfuhren. Derartige Fischerboote finden wir auf unserer Fahrt noch öfter und hebe ich dieses Zusammentreffen besonders hervor, da man durch solche oft Gelegenheit hat, Schätze aus der reichen Natur zu sehen und sich anzueignen, nach denen man sonst lange und vielleicht vergebens suchen müsste. Da dieses erste uns begegnende Boot reich beladen war, so rief ich die Insassen desselben an, die auch nach langem Zögern an unser Schiff herankamen. Unter der mannigfachen Ladung fiel mir vor allem ein merkwürdiges Thierfell auf, nämlich das des Manatin (Manatus australis), eine 3—4 m. lang werdende Sirenenart. Dieses Thier kommt tief im Innern nicht mehr vor, sondern findet sich nur noch selten an den Mündungen und in Buchten, die wenig oder gar nicht von Menschen aufgesucht werden. Die Haut desselben ist sehr stark und lassen sich daraus Stöcke, ähnlich denjenigen aus Flusspferdhaut, anfertigen, indem dieselbe in schmale Streifen geschnitten und getrocknet wird. Ausserdem war das Boot schon mit mancherlei Fischarten, an denen die Flüsse ungemein reich sind, beladen, auch grosse Mengen tropischer Früchte waren aufgehäuft. In der Mitte des Bootes befand sich ein mit Erde gefüllter Kasten, in dem auf glimmenden Kohlen Fische geröstet wurden, von denen uns dargereichte Proben sehr gut schmeckten. Als lebender Gesellschafter befand sich schliesslich auf dem Boote noch ein ganz junger Brüllaffe, den ich für eine geringe Entschädigung erwerben konnte. Das Thierchen war ungemein drollig und zutraulich und gewährte uns während der Flussfahrt viel Unterhaltung. Nach mehrstündiger Fahrt, während welcher wir öfters mit grossen Haken die Wasserpflanzen, die den Fluss zuweilen teppichartig überzogen haben, auseinanderreissen müssen, gelangen wir an die erste Flussenge, an deren Ufern sich der Pflanzenwuchs mauerartig dicht herandrängt. Als Neuling würde es für uns eine ungemein schwierige, ja unmögliche Aufgabe sein, sich in diese reiche Pflanzenwelt hinein zu leben und die einzelnen Formen von einander zu theilen, wenn dieselben auch als Baumriesen hervortretender sind, als die meisten unserer heimischen Wälder. Wo die Bezeichnung „mauerartig dicht" eine charakteristische ist, ruht das Auge auf einer tausendfach durchflochtenen Pflanzenwand und kein einziger der stolzen Bäume tritt besonders hervor. Unter der dichten Decke kletternder und schmarotzender Pflanzen sind die kolossalen Stämme verhüllt! Ein Gewirr von vielfach verschlungenen Lianen, untergeordnetere Waldbäume, welche zwischen ihren Riesennachbarn emporstreben, und zuweilen der Baumwürger, bilden im Verein mit den gewaltigen Stämmen Halt und Stütze einer besonderen schmarotzenden Pflanzenwelt. Aus nicht zu weiter Entfernung gesehen, tritt uns dieses grossartige Pflanzenbild doch in einer scheinbaren Einförmigkeit entgegen, auch selbst die oberen Umrisse können eine Art Aehnlichkeit mit denen unserer Laubwälder haben, wenn nicht hier und da Palmenkronen hinausragen. Aber welche Fülle von Formen und Farben entzückt unser Auge, sobald wir nahe herantreten, — und doch ist der eigentliche Wald erst hinter diesem Pflanzenvorhang. Selbst da wo das Licht mehr einzudringen vermag und dieser Reichthum so dicht verwebter Schmarotzer mehr in Wegfall kommt, wodurch wir die Hauptformen besser von einander zu trennen vermögen, bleiben uns vielfach die gewaltigen Stämme noch unerkennbar, weil sie einzeln von dem schmarotzenden Pflanzenkleide als Träger benutzt werden. Ist es uns endlich gelungen, die äusseren Mauern zu durchdringen und frei emporstrebende Waldbäume vor uns zu haben, dann wird es leichter, die einzelnen Arten zu unterscheiden. Aus Vorstehendem ergibt sich, dass es für den Maler eine ungemein schwierige Aufgabe ist, gleich werthvolles Material aus diesem reichen Naturleben zu sammeln. Wenn auch die einzelnen Formen in die Augen fallender sind als bei uns, so fliessen sie doch bei der ungeheuren Mächtigkeit mehr in einander zusammen. Während bei uns selbst der gemischte Wald aus verhältnissmässig nur wenigen Hauptarten besteht, die oft eine Fläche von vielen Quadratmeilen bedecken, so finden wir im Tropenwalde Hunderte verschiedener Pflanzen auf wenige Quadratmeter zusammengedrängt. Der erste Anblick des Tropenwaldes wirkt auf den Neuling geradezu die Sinne verwirrend und es bedarf längerer Zeit, ehe man in dieser erhabenen Natur nutzenbringend thätig sein kann. Wenn die Palmen so recht die äussere Physiognomie des Tropenwaldes bedingen, so bleiben für das Innere desselben noch unzählige Formen übrig, die vom malerischen und wissenschaftlichen Standpunkte aus höchste Beachtung verdienen. Aus der Unzahl von Pflanzen, welche das Unterholz bilden, heben sich die prachtvollen Heliconien besonders hervor; mit ihren glänzenden Pisangblättern ragen sie weit über den Kopf eines Reiters hinaus und ihre prachtvoll rothen massigen Blüthen leuchten wunderbar aus dem saftigen Grün der Riesenblätter hervor.

Wir müssen jedoch vorläufig die zunächst auffallenden Formen im Auge behalten und das sind in erster Linie die Lianen und Baumwürger, welche dem Tropenwalde einen für uns so ungemein fremdartigen Charakter aufdrücken. Sie gedeihen im heissen Klima zu grösster Ueppigkeit, aber wir finden, und das gilt besonders von den Lianen, auch in höheren Regionen noch viele Arten vertreten. Der Baumwürger, Baumtödter, Matapalo der Eingeborenen, (Ficus dentroïca) verdient zunächst hervorgehoben zu werden,

Matapálo.

da wir ihn auch in kultivirten Gegenden und selbst in Ortschaften Verderben bringend finden. Von den vielen Feigenarten ist jedenfalls der Matapálo die interessanteste. Wenn der Same dieser Pflanze durch irgend einen Zufall, z. B. durch Luftzug oder Vögel, an eine Palme oder einen der Waldriesen geführt wird, wo er leicht haften kann, so entwickeln sich bald kleine, dünne Zweige mit saftigen Blättern, welche Aehnlichkeit mit denen unserer Porzellanblume haben. Dies fällt am meisten bei Palmen in die Augen, wo die Entwickelung des Schmarotzers besonders zwischen den Ansätzen der Wedel- oder Fächerblätter vor sich geht, hier anfangs einen herrlichen Schmuck bildend. Sobald die Zweige eine gewisse Länge, sagen wir einen Fuss, erreicht haben, neigen sie sich wie schmeichelnd dem Träger zu, und zwar nach verschiedenen Richtungen. Immer enger schmiegen sie sich an den nichts ahnenden Baumriesen. So wie sie auf der andern Seite zusammentreffen, reichen sie sich gleichsam die Hände, und nun beginnt das Verwachsen in einander. Immer mehr und immer stärker werdende Zweige kommen auf diese Weise zusammen, fester drücken sie sich trügerisch an den stolzen Waldbaum, der so lange Zeit allen Wettern getrotzt und nun doch seinem sicheren Verderben entgegen geht. Es entwickelt sich fast zusehends ein Gewirr von wunderbar durcheinander geflochtenen Maschen, die stärker und stärker werdend durch ihre Schnürkraft die Saftcirculation des Trägers hemmen. Mit dem zuerst ergriffenen Opfer begnügt sich der Matapálo aber nicht, bald sendet er gewissermassen Fangarme nach allen Richtungen aus und sucht andere Bäume mit in seinen Bereich zu ziehen. Ein so tausendfach durch- und ineinander verwachsenes Gerüst von wunderlich geformten Maschen, Säulen und Strebepfeilern kann man sich, ohne es gesehen zu haben, gar nicht vorstellen; so finden wir Baumwürgerlabyrinthe von mehr als 30 Fuss im Durchmesser. Sobald nun die trügerischen Umarmungen den Träger getödtet haben, wenn fast die letzten Reste desselben faulend in sich zusammen fallen, dann bietet der Matapálo ein neues interessantes Bild. Wie ein Riesenskelett steht er vor uns, bis er durch einen Sturm seinen Halt verliert und das ganze gewaltige Gerüst zusammenstürzt. Von der enormen Kraft, die dieser Schmarotzerpflanze eigen ist, sah ich in Valencia ein Beispiel. Hier hatte sie ihre Strebepfeiler in eine Mauer getrieben und dieselbe vollständig gesprengt (siehe Vignette). Auch zum Selbstmörder wird der Matapálo; wenn er beim Aufsprossen keine Gelegenheit findet, feste Gegenstände zu erfassen, umschnürt er seinen eigenen Stamm und tödtet so sich selbst. In den Llanos, wo die Fächerpalmen fast als einzige Baumform ganze Wälder bilden, tritt er am häufigsten auf und überzieht zuletzt den ganzen Bestand; hier einzudringen ist aber unmöglich. Im gemischten Walde finden sich bald viele andere schmarotzende Pflanzen, welche den Baumwürger als Halt benutzen und zuweilen vollständig überziehen. Orchideen, Bromelien u. s. w. bedecken die Wurzelstreben und Umschnürungen, schlanke Lianen durchwinden wiederum das Ganze. — Einen anderen, mehr harmlosen Lebenszweck haben die überall im Walde auftretenden Lianen, deren ausführliche Schilderung wir uns für später vorbehalten, da wir sie dann noch zahlreicher antreffen.

Unsere Fahrt wurde nun durch die plötzlich einbrechende Nacht gehemmt; denn in diesem eng umschlossenen Fahrwasser kann von Dämmerung kaum die Rede sein. Fast mitten im Strome warfen wir den Anker und richteten uns für die Nacht auf dem Decke so gut wie möglich ein. Hängematten wurden angebracht, Mosquitonetze hervorgeholt, und bald loderte ein lustiges Feuer auf, welches zur Bereitung der Abendmahlzeit diente. Unheimliche Stille herrschte überall, die nur durch mancherlei Thierstimmen unterbrochen wurde, unter denen sich neben dem Geheul der Brüllaffen die des grossen spornflügeligen Hirtenvogels (Palamedea cornuta) besonders hervorhob. In dieses Thierconcert mischte sich auch noch der Pajaro vaco, ein schöner brauner Reiher (Tigrisoma brasiliensis), mit seinen dem Brüllen eines Rindes ähnlichen Tönen. Trefflich verstehen die Eingeborenen die auffallendsten Thiere durch die blossen Namen zu charakterisieren; so heisst z. B. der Kuhvogel Pajaro vaco, der Hirtenvogel Aruco, nach seinem dumpfen Rufe Aruc-Aruc. Furchtbar plagten uns die Mosquitos, so dass an Schlafen nicht zu denken war, woran ich schon deshalb nicht denken konnte, weil der Insektenfang mein ganzes Interesse in Anspruch nahm. Eine solche Mannigfaltigkeit von Insekten habe ich nirgends gefunden, Kasten und Spiritusglas öffneten sich unaufhörlich zur Aufnahme neuer Exemplare, die ich ohne Mühe auf einem ausgebreiteten weissen Tuche fangen konnte. Einen reizenden Anblick gewähren auch die zu Tausenden herumfliegenden Leuchtkäfer, die fast 3 cm langen Cocuios. Ueberall im ganzen Lande, wo üppiger Pflanzenwuchs vorhanden ist, trifft man sie an, und so finden wir sie auch später in den Cordillerenthälern wieder.

Mit dem nahenden Morgen unsere Fahrt fortsetzend, wurden wir, um eine Waldecke biegend, bald durch ein anderes Bild überrascht. Eine kleine Niederlassung (Conuco) lag am Ufer mitten in der Wildniss (siehe Aquarelle). Wir schoben unser Fahrzeug heran, um Früchte, Eier und Hühner zu kaufen, die uns von den Besitzern bereitwilligst überlassen wurden. Zu meiner grössten Freude eröffnete mir der Patron des Schiffes unter vielen Entschuldigungen, dass er hier einige Zeit unvorhergesehener Geschäfte halber verweilen müsse. Ich hatte also Musse, die vielen Naturschätze zu studiren und zu sammeln, und vor Allem auch die beigegebenen Landschaften aufzunehmen. Und mein von Anfang an befolgter Grundsatz, den Pflanzen- und Thierreichthum dieses Landes in seinen Einzelformen und Eigenschaften immer gleich da eingehend zu schildern, wo er uns in besonders reicher Entwickelung und grösserer Zahl direct auf der Reise vor Augen tritt, kann in sein Recht treten; denn wenn ich auch kein streng wissenschaftliches Werk schreiben will, so soll doch der Leser einen möglichst klaren Einblick in das Leben und Treiben dieser Wunderwelt gewinnen und gewissermassen im Geiste mein Reisebegleiter sein. Bei dieser Gelegenheit sei es mir auch gestattet, Einiges über die specielle Ausrüstung des Sammlers und Malers zu sagen. Alles muss praktisch, möglichst einfach eingerichtet und stets zur Hand sein, da es zu jeder Zeit fertig sein soll Material aufzunehmen. Die Jagdtasche muss glatt, ohne Netz und so hergestellt sein, dass Schiessbedarf und Spiritusflasche neben mehreren Kästchen oder Blechschachteln zur Aufbewahrung von Insekten, Nestern, Eiern und anderen Gegenständen Raum finden. Ausserdem enthält die Tasche noch ein gutschliessendes Blechgefäss mit Arsenikseife zum Präpariren der Vögel, sowie Watte und Papier zur Umhüllung der fertigen Bälge. Die Korkboden der Kästchen, auf welche die gefangenen Insekten vorläufig gesteckt werden, müssen mit Carbolsäure, dem besten Mittel zur Fernhaltung der zerstörenden Insekten, besonders Ameisen, getränkt sein. So ausgerüstet wird der Reisende immer günstige Resultate erzielen, denn es ist unumgänglich, dass die am Tage gesammelten Thiere und besonders Vögel auf der nächsten Haltestelle stets sofort präparirt werden, sonst würden sie bei der Hitze in Fäulniss übergehen und unbrauchbar werden. Es ist gewiss keine leichte Aufgabe, nach anstrengender Tagestour das gesammelte Material noch zu präpariren; wenn man aber Glück hatte, schöne und seltene Exemplare zu erlangen, dann wird auch diese Arbeit noch mit Lust und Liebe überwunden. Bei der grossen Feuchtigkeit des Waldklimas ist auch besondere Sorgfalt auf die Malutensilien zu richten. So würde das gute und theure englische Aquarellpapier sofort verderben, wenn es nicht genügend umhüllt und in Blechtuten aufbewahrt wäre; ebenso sind nur beste englische Farben zu gebrauchen, da die meisten anderen leicht auslaufen.

Niederlassungen wie die, an der wir jetzt Halt machten, sind im Vergleich zu den grossen Plantagen in kultivirten Gegenden Venezuela's nur klein, aber trotzdem finden wir hier in grösster Ueppigkeit alle Hauptformen der tropischen Kulturpflanzen zusammengedrängt, und zwar, wie unser Bild zeigt, dicht um die bescheidenen Hütten gruppirt. In seltener Grösse und Pracht erglänzen die goldenen Früchte der Orangenbäume, und daneben neigen sich, gleich gewaltigen Flügeln, die Riesenblätter der Bananenarten. Unter diesen fallen besonders die Platanos (Musa sapientum) in die Augen; eine einzige Fruchttraube dieser ungemein nützlichen Pflanze ist so schwer, dass nur ein kräftiger Mann sie zu tragen vermag, und die fast gurkenförmigen Einzelfrüchte werden oft einen Fuss lang. Während die Früchte der kleineren Arten in voller Reife vorzüglich schmecken, dienen die der Platanos nur in geröstetem oder gebackenem Zustande als Nahrung. In allen Niederlassungen, aber nur einzeln, findet man den Flaschenbaum (Crescentia cujete) der, besonders wenn die lebhaft grünen, meist kugelrunden Früchte, die eine Grösse von 25 cm Durchmesser erreichen, recht reich entwickelt sind, einen herrlichen Anblick gewährt. Von den Eingeborenen wird er Totumo genannt und ist sozusagen der Lieferant für alle möglichen Gefässe und Geräthschaften. Sie geben seiner Frucht mit ihrer dünnen, holzigen Schale ganz verschiedene Formen, indem sie dieselbe im Anfange der Entwickelung je nach der gewünschten Form unterbinden und in verschiedenen Grössen abnehmen. In zwei Theile zerlegt, dienen nach Entfernung des werthlosen Inhaltes, der wie in Seifenwasser getauchtes Heu aussieht, die kleinen Schalen als Löffel, die mittleren als Trinkgefässe, die grösseren als Schüsseln und dergleichen. Bald nach

Kaffeeschattenbaum.   Pisang.   Melonenbaum.   Mangobaum.   Brotfruchtbaum.

Flaschenbaum.   Platano.   Zuckerrohr.

Conuco am Rio Escalante.

der Abnahme verschwindet die grüne Farbe und macht in trockenem Zustande einer braunen Platz. Bewundernswerth ist die Geschicklichkeit, mit der die Eingeborenen derartige Schalen mit Eingravirungen versehen, ja zuweilen findet man ganz künstlerisch geschnitzte Schalen, auf denen Blumen, Thiere und Namen angebracht sind, wie denn auch schön bemalte und vergoldete Gegenstände Zeugniss ablegen von dem gewiss hoch anzuerkennenden Kunstsinn der Verfertiger. Noch ein beliebtes musikalisches Instrument, Maracca genannt, das die Stelle der Kastagnetten vertritt, wird aus diesen Schalen hergestellt, indem man einen Holzstiel hindurchführt und in den hohlen Raum einige Maiskerne oder kleine Steine bringt. Bei festlichen Gelegenheiten benutzt man die Totumas auch zur Ausschmückung und besonders als Laternen, wozu man die grössten Schalen, die mit vielen, $\frac{1}{2}$ cm grossen Löchern versehen werden, wählt. Als Leuchtstoff dient ein gewiss wunderbares und wohlfeiles Material, nämlich die Cocuios, jene vorstehend erwähnten grossen, mit unseren Schnellkäfern oder Schmieden verwandten Leuchtkäfer, mit denen man die Schalen füllt. So sah ich es besonders mehrfach im Innern von Carúpano, wo 30 und mehr dieser Laternen mit ihrem lebenden Feuer an den umstehenden Bäumen angebracht waren und reizend aus dem Dunkel hervorleuchteten.

Einen noch schöneren Anblick als der Flaschenbaum gewährt der Melonenbaum (Carica papaya), doch ist derselbe weniger werthvoll; denn obgleich die Frucht wohlschmeckend, scheint sie sich doch keiner so grossen Beliebtheit zu erfreuen, wie Orangen, Ananas, Zuckerrohr und andere. Das letztere fehlt auch im kleinsten Conuco nicht und bringt immer eine angenehme Abwechselung in das Kulturbild. Für die Bewohner ist das Zuckerrohr von grösster Wichtigkeit, da es ausgepresst einen sehr erfrischenden Saft liefert, der, in thönernen Gefässen aufbewahrt, bald zu gähren beginnt und dann als Guarapo viel getrunken wird. Die erste Frage des ermüdeten und durstigen Reisenden, wenn er nach langer Tour eine Niederlassung findet, ist immer nach Guarapo. Die Blätter des Zuckerrohres sind, wie der auch stets angepflanzte Mais, ein sehr nahrhaftes Futter für die Hausthiere. Die reichsten und ergiebigsten Zuckerrohrfelder befinden sich in den Thälern von Aragua, die sich um den See von

Zweithelliger Stamm des Buscare.

Valencia ausdehnen, und dort wird die Verwerthung nach allen Regeln der Kunst betrieben, wie überhaupt diese Gegend ein Bild der höchsten Betriebsamkeit der Bewohner dieses Landes gewährt. Ueberall ragen aus der üppigen Kulturvegetation rauchende Schornsteine hervor, welche den mit den Plantagen verbundenen Schnapsbrennereien angehören. — Von unserem Conuco darf der indische Brodfruchtbaum nicht unerwähnt bleiben, denn er findet sich in allen kleineren Anpflanzungen und trägt zum malerischen Gepräge des Ganzen ungemein viel bei. Seine grossen und glänzenden, tief eingeschnittenen, fast handförmigen Blätter und die kugelartigen Früchte verleihen dem Baume ein ganz eigenthümliches Aussehen. Der kastanienartige Same scheint in Venezuela indess weniger beliebt zu sein als

in Indien, denn nur selten wird er geröstet genossen. Neben diesem ist der Aguacate (Persea gratissima), ein sonst wenig in die Augen fallender Laubbaum, wegen seiner merkwürdigen Frucht von grossem Interesse. Dieselbe ist birnenförmig und wird 6—9 cm lang. Um den festen Kern legt sich eine weiche, bis 2 cm dicke, butterartige Schicht, welche schliesslich mit einer dünnen, grünen Schale umgeben ist. Dieser Theil der Frucht schmeckt mit Salz und Brod genossen ähnlich wie Butter, weshalb er auch vegetabilische Butter genannt wird. Gleich hinter der Hütte auf unserm Bilde erhebt sich der eine dichte Blätterkuppel bildende Mangobaum (Mangifera indica) mit seinen gelbrothen, eiförmigen Früchten, welche, ebenfalls sehr dickkernig, eine verhältnissmässig dünne Hülle haben, die süsslich, aber vorwiegend nach Terpentin schmeckt. Ueber alle diese angeführten Pflanzenformen, welche den Typus der Kulturlandschaft bedingen, hebt sich mit seinem hohen Stamme und seinen schlanken vieltheiligen Aesten der Buscare (Erythrina) und setzt dem ganzen interessanten Pflanzengemälde die Krone auf. Wenn er seine feuerrothen Blüthen vollständig entfaltet hat, dann ist von dem dichten Blätterdache, welches er sonst trägt, nichts mehr zu sehen. Dieser schnellwachsende Baum dient allen grossen Kaffee- und Cacaoplantagen als Schattenspender. Einen wunderbar eigenartigen, kaum zu schildernden Eindruck macht es auf den Beschauer, wenn er, wie zum Beispiel in dem unvergleichlich schönen Thale von San Estéban bei Puerto Cabello, von einer Höhe aus auf die weit ausgedehnten Plantagen blickt. Im März sind die Buscares in voller Blüthe, und wenn dann die Sonne ihre Strahlen auf die Kronen dieser Bäume herabwirft, dann scheint es, als hätten sich weite Flächen in feuerrothe Decken gehüllt. Unter diesem glühenden Blüthenmantel entfaltet sich der Hauptsegen des Landes: der Kaffee und der Cacao; beide würden ohne den Schattenbaum, der Tropensonne ausgesetzt, nicht gedeihen. Die Stammbildung des Buscare ist sehr mannigfaltig und oft doppeltheilig, wie unsere nach der Natur aufgenommene Skizze zeigt. Der Stamm selbst ist, besonders in seinen unteren Theilen, dicht mit Knoten und Dornen besetzt. Diese Auswüchse der Rinde, 6—8 cm lang und oft bis 3 cm dick, sind von einer gelbbraunen Korkmasse, welche sich vorzüglich zu feinen Schnitzereien eignet. So konnte ich Thierköpfe und andere Gegenstände leicht bis in die kleinsten Einzelheiten ausführen.

Dem Naturfreunde gewährt die Blüthezeit des Buscare aber noch einen anderen hohen Genuss. Wenn auch schon ein verhältnissmässig reiches Thierleben in der Plantage herrscht, herangezogen durch die Mannigfaltigkeit der Blüthen und Früchte, so gestaltet es sich doch noch weit interessanter mit der Entfaltung der Blüthenpracht dieser Kaffeeschattenbäume. Mit ihr erscheinen die Gäste aus der Vogel- und Kerbthierwelt der nahen Wälder und steigen herauf in den luftigen, sonnenhellen Bereich der Buscarekronen.

Wer könnte sie alle aufzählen, die vielen buntbefiederten Vögel und die strahlenden Insekten, welche die saftigen Blüthen umgaukeln und aus denselben ihre Nahrung naschen! Oft wird das scheinbar harmlose Treiben der flatternden und schwirrenden Thiere durch Feinde gestört, denn Raubvögel und Insektenfresser scheinen den Umstand zu kennen, dass sie hier reiche Beute zu erzielen vermögen. Was uns zu dieser Zeit am meisten anzieht, ist das Erscheinen unzähliger Kolibris, der Florisuga mellivora, einer mittelgrossen, prachtvoll grün und weiss gefärbten Art. Kein anderer Kolibri zeigt sich während der Blüthezeit des Buscare in solchen Massen, nicht nur Hunderte, nein Tausende umsummen die Blüthen, und man wird nicht müde das reizende Spiel der glänzenden Thierchen zu beobachten. Eine ganze Reihe anderer Prachtvögel findet sich alsbald ein, von denen sich besonders mehrere Coereba-Arten

Yucapflanze (Manihot utilissima).

durch ihre schnellen Bewegungen auszeichnen. Sie sind von der Grösse unseres Rothschwänzchens, haben einen langen, gebogenen Schnabel und meist tiefblaue Färbung. Diese Thierchen vertreten hier die aus Afrika und Asien bekannten Honigsauger. Noch andere, kleinere Kolibriarten erscheinen, z. B. Lophornis reginae und viele mehr. An den Stämmen hämmern Spechte und Papageien, und Cassicus persicus macht sich um seine Beutelnester, welche an den Enden der Buscareäste hängen, zu schaffen, wobei er fast wie unser Staar in allen Tonarten pfeift; dieser schwarz und lebhaft gelb gefärbte Vogel hebt sich reizend ab von seiner Umgebung.

Von den mehr untergeordneten Kulturpflanzen hebe ich vorläufig nur die Yuca, aus deren Wurzelknollen das sogenannte Indianerbrod, Cassave, bereitet wird, hervor, weil sie unbedingt zum Haushalte der Bewohner gehört. Das Gewächs wird in Reihen angepflanzt, und zwar zieht man bis zu einem Fuss tiefe Furchen, in welche ebenso lange Stücke des Stammes gelegt werden, aus denen dann die neue Yuca emporwächst. Die frischen Knollen der Yuca sind giftig, deshalb reibt man sie zu Brei und presst den schädlichen Saft vollständig aus. Nachdem dies sorgfältig geschehen ist, werden bis zu 1 cm dicke Kuchen auf Holz- oder Blechplatten gelegt und der Sonne zum Trocknen ausgesetzt, und das Indianerbrod ist fertig. Uns Fremden mundet es allerdings wenig, besonders schmeckt es ohne alle Zuthat wie aus Sägespänen gebacken, während eine Art Kuchen, die beliebten Tordillas, zwei zusammengelegte dünne Cassavekuchen, innen mit Dulces von Bananen oder anderen süssen Früchten bestrichen, sehr wohlschmeckend sind.

Die kleine Niederlassung bietet einen höchst friedlichen Anblick, und wir ahnen kaum die vielen feindlichen und zerstörenden Eingriffe der Thierwelt aus den umliegenden Wäldern. Jaguar, Puma und andere kleinere Katzenarten, sowie Füchse, Marder und dergleichen erscheinen als nächtliche Räuber und finden zu oft reiche Beute unter den Hausthieren; besonders wagt sich der Puma, Lion der Eingeborenen, ganz nahe an die Hütte heran, von Zeit zu Zeit sein kurzes U, U ertönen lassend. Papageien fallen in ganzen Schaaren in die Maisfelder ein und bearbeiten die Kolben nach Herzenslust, aber die grössten

Feinde der Kulturpflanzen sind die vielen Ameisenarten, unter denen die fast 2 cm langen Vachacos die gefährlichsten sind, denn diese dringen in ungeheuren Massen und zwar ganz plötzlich bis in die kultivirtesten Gegenden ein, Gärten und ganze Plantagen verheerend. Ich hatte im Thale von San Estéban Gelegenheit einen herrlich angelegten, grossen Garten zu bewundern, dessen Besitzer besonders viel Werth auf die Rosenzucht legte. Wir freuten uns zusammen an einem jener wundervollen Tropenabende, wo der Vollmond fast Tageshelle verbreitet, über die duftende Blüthenpracht; am folgenden Morgen war der ganze Garten vollständig kahl, die über Nacht eingedrungenen Vachacos hatten kaum ein Blatt übrig gelassen. Schlangen in allen Arten und Grössen, Kröten, Frösche und Eidechsen sind ungemein häufig vertreten, von letzteren fallen besonders die grossen Iguanen auf, welche auf den Bäumen herumklettern. Ich wurde veranlasst ein Exemplar herabzuschiessen, welches über einen Meter lang war; die Eier desselben kochten die Eingeborenen und verzehrten sie mit grossem Appetit. Was endlich bei dem Herumstreichen in den Kulturen noch besonders lästig ist, dies sind die vielen Garapatas, kleine Zecken, welche an den Zweigen und Blättern sitzen; sie hängen sich an die Kleider und verbreiten sich über den ganzen Körper, ohne dass man sie sieht. Das Brennen wird bald unerträglich und erzeugt bei längerer Dauer Fieber. Man kann diese Plagegeister nur durch Abreibungen mit Branntwein und ein möglichst warmes Bad entfernen.

Ziemlich reiche Beute an besonders schönfarbigen Vögeln und Insekten machte ich auf dieser Niederlassung, und da dieselben wie gesagt immer möglichst sofort präparirt werden müssen, so benutzte ich den Abend zu dieser Arbeit. Wir hatten uns um das lustig auflodernde Feuer gruppirt, das einen mässigen Schutz vor den unzähligen Mosquitos gewähren sollte; die Bewohner verfolgten meine Arbeit mit staunenden Blicken, mich mit lästigen und unsinnigen Fragen bestürmend. Letztere Bezeichnung mag vielleicht falsch gewählt sein, denn wie vermögen diese unter der Tropensonne mit all

Manati.

der Pracht, die sie erzeugt, aufgewachsenen Leute den Werth zu begreifen, den diese Naturschätze für uns haben? Die Sache wurde ihnen auch sehr bald langweilig, und so griffen Einige zu Guitarre und Maracca, zu deren monotonen Klängen ein melancholischer Gesang ertönte. Schön war diese urwüchsige Musik freilich nicht, aber eigenthümlich berührt sie Jeden, der sie hören

muss, in dieser Einsamkeit des gewaltigen Urwaldes. Als Erfrischung wurde Guarapo aus den Fruchtschalen des Flaschenbaumes getrunken, und als der Patron unseres Schiffes eine Flasche Rum zum Besten gab, dem besonders die Männer fleissig zusprachen, da regte sich das Blut dieser zu lebhafter Unterhaltung geneigten Bewohner des heissen Tieflandes; ausgelassene Heiterkeit bemächtigte sich derselben, und ein fröhlicher Tanz, der aber nicht gerade graziös und züchtig zu nennen war, währte bis in die Nacht hinein. Unsere gastfreundlichen Conucobewohner waren, wie meist im ganzen Zuliagebiet, Mischlinge verschiedener Rassen, vorwiegend aber Mestizen (Mischlinge von Weissen und Indianern). Unter den Frauen gab es einige verhältnissmässig ganz hübsche Erscheinungen, was sehr häufig der Fall ist, wenn kein Negerblut in ihren Adern fliesst.

In später Nachtstunde gingen wir an Bord unseres Schiffchens, und mit Morgengrauen setzten wir unsere Fahrt fort, um San Carlos, eine kleine Ortschaft am Rio Escalante, möglichst frühzeitig zu erreichen. Auf dieser Strecke unserer Reise wiederholen sich die bereits geschilderten Uferscenerien in Folge der vielen Wendungen des Flusslaufes in beständiger Abwechselung und treten uns in stets neuer reizender Gruppirung vor Augen. Hervorzuheben ist hier das häufige Auftreten der Caimans, die ihre unförmlichen Köpfe neugierig aus dem Wasser heben; am Ufer sahen wir einige Männer mit dem Abziehen eines so eben erlegten Manati beschäftigt, ich benutzte die Gelegenheit bei kurzer Rast eine Skizze von dem hier selten vorkommenden Thiere zu machen. Bald lichtete sich die Scenerie, und am frühen Nachmittag lag unser vorläufiges Reiseziel, San Carlos, der Ausgangspunkt meiner Landreise durch den Urwald, vor uns. San Carlos gegenüber, ebenfalls hart am Flusse, liegt Santa Barbara. Beide Ortschaften sind klein und bestehen vorwiegend aus elenden Hütten, aber ihre Bedeutung für den Handel ist nicht zu unter-

schätzen, denn hier vollzieht sich der Wechselverkehr der verschiedenen Produkte und Bedarfsartikel dieses Landestheiles. Die Produkte der Cordillera, vorwiegend Kaffee, langen in grossen Maulthierkarawanen hier an, um auf den bereitstehenden Flussschiffen nach Maracaibo gebracht zu werden, und auf umgekehrte Weise werden die Waaren von dort ins Innere befördert. So herrscht hier mitten im Urwalde ein reges Leben und Treiben, ähnlich wie in den beiden Häfen Moporo und La Ceiba am Maracaibosee, von denen ein Weg nach der nördlichen Cordillera führt; ja in neuester Zeit hat man sogar von Moporo aus eine Eisenbahn bis ziemlich an den Fuss des Gebirges, nach Sábana de Mendoza gebaut.

In San Carlos gelang es mir für kurze Zeit ein leidliches Quartier zu erhalten, und so konnte ich die Vorbereitungen zu der nun bevorstehenden schwierigen Landreise in Ruhe betreiben. Eine soeben angekommene Karawane bot ein genügendes Material an Reit- und Lastthieren zur Auswahl, und auch mit einem kundigen Führer und einigen Treibern wurde ich bald einig, denn diese ergreifen jede Gelegenheit mit Freuden, die sie so schnell als möglich wieder aus dem Pestlande (la pesta), wie die Cordilleren-bewohner das Waldgebiet der Zulia nennen, auf ihre gesunden Höhen bringt. Mancher von ihnen nimmt sich indess das Fieber mit, welches dann oben in der höheren Gebirgsregion erst zum Ausbruch kommt. Die Furcht der Cordillerenbewohner vor dem Sumpftieflande ist eben deshalb ungemein gross und auch berechtigt, weil der Wechsel des Klimas — dort die luftigen und kühlen Höhen, hier die ewig feuchte Treibhaushitze — ein zu plötzlicher ist. Europäische Handelsleute, welche längere Zeit in Maracaibo ge-lebt haben, brauchen das Sumpfklima des Zuliawaldes weniger zu fürchten, aber jeder wird doch diese gefährliche Gegend so schnell als irgend möglich verlassen. Etwas anderes ist es mit dem Forschungs-reisenden, die unerschöpfliche Quelle reicher Naturschätze und Naturschönheiten lässt ihn der drohenden Gefahr Trotz bieten. Von besonderem Glücke war ich begünstigt, denn viermal habe ich den Zuliawald in verschiedenen Richtungen durchquert, und nur bei der letzten Tour wurde ich krank, weil ich mich trotz des Abrathens meiner Begleiter diesmal allzu lange aufhielt. Endlich nach einem, in Rücksicht auf meinen Gesundheitszustand furchtbar anstrengenden, langen Ritte erreichte ich Moporo und fand Zuflucht auf einem Schiffe, das glücklicherweise bald hinaussteuerte in den freien See, wo das Fieber etwas nachliess. In Maracaibo angekommen, erholte ich mich bald ganz.

DRITTES KAPITEL.

Die Landreise durch den Zuliawald.

Die Nachrichten, welche die Leute aus dem Inneren brachten, lauteten wenig tröstlich, da durch längeren Regen auch die sonst besseren Stellen des sogenannten Weges kaum passirbar seien; mehrere Lastthiere habe man ihrem Schicksal überlassen müssen, und so rieth mir mein Führer einige Reserve-thiere mitzunehmen, was ich thatsächlich nicht bereuen sollte. Unter solchen Umständen ist es allerdings wenig verlockend, in den dunklen Urwald zu tauchen und den Kampf mit den vielen vorhergesehenen Hindernissen aufzunehmen, aber der Forschungsdrang lässt alle Bedenken schwinden, und so trat auch ich, nachdem alle denkbar möglichen Vorsichtsmassregeln getroffen, meine Reise in froher Zuversicht auf ein glückliches Gelingen an. Die hier zu durchquerende Strecke des ungeheuren Waldes betrug allerdings nur 40—50 km, während die breiteste und grösste Ausdehnung desselben über das doppelte ist; aber unter den vorliegenden Umständen lag doch ein sehr langer Weg vor uns. Der Wald drängt sich mit seiner gewaltigen Macht bis nahe an den Ort heran, und so hat man Musse genug die Aussenlinien der ruhigen Pflanzenmauer zu bewundern. Ein eigenthümliches Gefühl bedrückt uns, und eine gewisse Zag-haftigkeit bemächtigt sich anfangs immer wieder selbst des erfahrenen Reisenden, wenn er vor diesem scheinbar undurchdringbaren Pflanzenwust steht. Zum Theil sind die Baumriesen, welche die Masse über-ragen, dicht mit blätterreichen Schlingpflanzen überwuchert, sodass sie wie alte Burgen erscheinen; hier und da heben sich einige Palmenkronen hervor oder einzelne fast kahle Aeste ragen in den Himmel hinein, während die an ihnen hängenden Tillandsien (Barba de palo oder Baumbart) sich leicht im Winde bewegen. Nun geht es hinein, immer ein Thier hinter dem anderen, denn der Pfad ist schmal, aber in der Nähe des Ortes noch nicht gerade schlecht zu nennen. Schweigsam zieht die Tropilla vorwärts, nur der Vordermann stösst von Zeit zu Zeit einen lauten Warnruf aus, damit etwaige uns entgegenkommende Maulthierzüge an einer breiten Stelle Halt machen können, oder da, wo es angeht, ihre Thiere ins Gestrüpp ziehen, um uns vorüber zu lassen. Kaum trifft uns noch ein Lichtstrahl, denn über uns wölbt sich ein undurchdringliches, tausendfach durcheinander gewundenes Pflanzendach, und bald sind wir vollständig durchnässt, da sich durch das fortwährende Anstreifen an Zweige von überall Wasser über uns ergiesst. Noch ist es zeitig am Nachmittage, überall herrscht Ruhe, der Wald liegt gleichsam in scheinbarem Schlafe. Wo sind die unzähligen Waldbewohner, wo bleiben die Stimmen der vielen Prachtvögel, wo das Heer der Insekten, das diese Gegenden bevölkert? Bald wird sich dieses Räthsel lösen, denn der frühe Nachmittag neigt sich

Urwaldpfad.

nun seinem Ende zu; schon rührt es sich mehr und mehr um uns, und an breiteren Stellen, wo das Licht einzudringen vermag, zeigt sich hier und da bereits ein befiederter Waldbewohner. Wir nähern uns inzwischen immer mehr den beiden grossen, im Südwesten befindlichen Waldlagunen, Ciénega del Chama und Ciénega de Onio. Immer sumpfiger und wasserreicher wird der Weg, fast unmöglich scheint es, sich durchzuarbeiten, da sich auch noch durch das regelmässige Treten der hier durchziehenden Maulthiere Dämme gebildet haben, zwischen denen Wasser, Schlamm und Pflanzenreste angehäuft sind. Im Schlamme stecken bleibend müssen die armen Thiere ihrer Last entledigt werden; manche scheinen die Gefahr zu erkennen und suchen sich seitwärts durchzudrängen, wo sie sich wieder zwischen den Baumstämmen festklammern und weder rückwärts noch vorwärts können, sodass auch sie abgesattelt werden müssen. Oft neigen sich Baumstämme und starke Lianen über den Weg, sodass der Reiter mitten im Schlamm absteigen muss, um sein Thier unter den Hindernissen hindurchzuziehen, wenn er nicht, wie es mir mehrmals bei der geringsten Unvorsichtigkeit erging, in den Lianen hängen bleiben will. Derartige Zwischenfälle wiederholen sich allzu oft; hat man die Lastthiere mit vieler Mühe endlich herausgearbeitet und auf besseren Boden gebracht, wo nach grosser Anstrengung die Lasten wieder aufgelegt werden, so befindet man sich in kurzer Zeit wieder in derselben Lage.

Mit grosser Freude begrüsst der Reisende nach solcher Anstrengung breitere und trockenere Wegstrecken und gönnt sich gern einen Augenblick Erholung; auch wir machten an einer besonders günstigen Stelle kurze Rast. Und welches Leben herrscht nun hier, wo die milderen Strahlen der Nachmittagssonne einzudringen vermögen! Jetzt fühlt der Naturfreund erst, dass er sich inmitten des grossartigsten Pflanzen- und Thierlebens befindet. An den Rändern der Wasserlachen und besonders da, wo auf wasserfreien Stellen die Losung der Lastthiere zurückgeblieben ist, sitzen und flattern in der Luft herum unzählbare Massen vorwiegend rother Schmetterlinge, und unter diesen wieder sticht jener prachtvolle blaue Riesenfalter, grosse Bogenlinien beschreibend, besonders hervor. Indem wir die Thiere beim Passiren dieser Stellen aufscheuchen, sind wir zeitweise in dichte Wolken von Schmetterlingen gehüllt. In den Zweigen und Aesten herrscht reges Leben, die Stimmen der gefiederten Waldbewohner erklingen, übertönt vom Kreischen der Papageien. Besonders ist es der grosse rothe Aras, der sich in kleineren Gesellschaften auf den höchsten Zweigen wiegt, während vorübergehend ganze Heerden der grünen Amazonen in die sonnenreichen Blätterkronen einfallen. Zwei Prachtexemplare des rothen Aras konnte ich mit einem Schuss erlegen, wir vermochten sie indess nicht zu erlangen, da sie in ein undurchdringbares Gestrüpp stürzten.

Die Hindernisse hatten ungemein viel Zeit geraubt, und doch waren wir froh, unsere Lastthiere schliesslich über alle Gefährnisse glücklich hinweggebracht zu haben. Da nun jetzt günstiges Wetter eingetreten war und alle Anzeigen auf Bestand desselben vorlagen, so war Hoffnung auf bessere Reisetage vorhanden, denn die glühenden Strahlen der Tropensonne thun Wunder da, wo sie hinzudringen vermögen. Der Umstand, dass unsere Thiere und auch wir selbst sehr ermüdet waren, liess die Befürchtung aufkommen, dass wir die nächste kleine Niederlassung vor der Dunkelheit nicht mehr erreichen würden, und so beschlossen wir nach reiflicher Ueberlegung an dieser für eine Uebernachtung gerade günstigen Stelle zu bleiben. Es ist von grossem Werth, wenn man alle erforderlichen Vorbereitungen zur Uebernachtung im Urwalde selbst anordnen kann, die meist ängstlichen Leute bekommen Respekt und Zutrauen zu ihrem Herrn. So kamen mir meine früher erworbenen Erfahrungen, die ich beim Uebernachten in den Bergwäldern von Caripe und noch früher in der Provinz San Luis in Argentinien gemacht hatte, sehr zu gute. Mit allem Eifer wurde zunächst der Platz gereinigt und unter der Wucht der Machettes, grosser säbelartiger Waldmesser, fielen dünnere Bäume und Sträucher, um einen möglichst breiten Raum für unser Lager zu schaffen. Hierauf wurden die Thiere abgesattelt, die Gepäckstücke zusammengestellt und zugedeckt. Die Thiere banden wir der Sicherheit halber fest und zwar so, dass sie die schlammigen Wasserpfützen, deren Genuss schädlich ist, nicht erreichen konnten; für diesmal mussten sich die armen Thiere mit dem Safte der vorsorglich mitgenommenen Zuckerrohrblätter und Mais begnügen. Nachdem zunächst unsere Thiere versorgt waren und genügendes, möglichst trockenes Holz für das bald entzündete Feuer und den Nachtbedarf zusammengetragen war, kamen auch wir zur Ruhe und stärkten uns an dem mitgenommenen Proviant und einer Flasche Wein, die ich mit meinen Leuten redlich theilte, denn es ist auf derartigen Reisen immer mein erster Grundsatz gewesen, alles mit meinen Begleitern zu theilen, dies hebt den Muth und erzeugt bei dem im allgemeinen gutmüthigen Charakter dieser Leute Anhänglichkeit und Liebe. Unser bescheidenes Mahl sollte noch durch einen vortrefflichen Gang, wie er nicht besser auf der reichsten Tafel der Heimath steht, bereichert werden, denn zufällig fiel ein Volk Hokkohühner in unserer Nähe ein, die jedenfalls ihre Nachtruhe in den Baumkronen halten wollten; es gelang mir einen der Vögel durch einen wohlgezielten Schuss herunterzuholen. Es war der Pauxi (Pauxi galeata), eine der schönsten und grössten Arten der über das ganze tropische Amerika verbreiteten Hokkos. Das Fleisch dieser Hühner ist zart und äusserst wohlschmeckend, und wird die Jagd auf dieselben, die viel Geduld und Vorsicht erfordert, da die Thiere sehr vorsichtig und scheu sind, fleissig betrieben. Wir errichteten dann noch zwei Feuerstellen aus Vorsicht wegen der hier häufig vorkommenden Jaguare. „Hay muchos tigres aqui", sagten meine Begleiter, es gäbe viele Tiger hier, wie bekanntlich der Jaguar im Lande genannt wird. Die Eingeborenen fürchten den tigre sebádo, da er, besonders vom Hunger getrieben oder zur Vertheidigung gezwungen, selbst den Menschen anfällt und tödtet.

Mit Eintritt der nun schnell hereinbrechenden Tropendämmerung, die uns noch herrliche Effekte bot, indem die höchsten Gipfel der Baumkronen von der Röthe der untergehenden Sonne beleuchtet waren, wurden die Hängematten ausgespannt und alle Anordnungen wegen der Nachtwache, die abwechselnd von den Leuten gehalten wird, getroffen. Wenn schon am Tage der Anblick unserer Umgebung ungemein malerisch und fremdartig ist, so gestaltet er sich während der Nacht im Feuerschein der aufflackernden Wachtfeuer geradezu märchenhaft. Grell und rothglänzend heben sich die nächsten Pflanzenformen von der schwarzen Tiefe des Waldes ab, Palmen, Lianen und grossblättrige Heliconien erscheinen gewissermassen in anderen Formen, und die zum höchsten Grade gesteigerte Phantasie erblickt in den sich durch Windzug oder kletternde Nachtthiere leicht bewegenden Bäumen allerlei Gestalten. Das geringste Geräusch erregt unsere Aufmerksamkeit, und selbst wenn die Müdigkeit siegt, so schlafen wir sozusagen mit Bewusstsein, denn Auge und Ohr üben sich so ein, dass uns jede neue Erscheinung auffällt. Die Hauptaufmerksamkeit der Nachtwache muss in erster Linie mit auf die Maulthiere gerichtet sein, da diese besonders unter den Angriffen der Fledermäuse, die sich blutsaugend in die Haut der Thiere einbeissen, zu leiden haben. Die Gattung der Vampyre, Blattnasen (Phyllostoma), stellt die gefürchteten Blutsauger, die über fast ganz Südamerika verbreitet sind. Die durch sie verursachten Wunden scheinen indess nicht so gefährlich, wie man früher immer angenommen hat, mir ist kein Fall vorgekommen, wo Maulthiere oder Pferde daran erlegen sind, wohl aber können dieselben, wenn sie mehrmals von den Vampyren angezapft werden, durch den starken Blutverlust ermattet und zeitweise untauglich werden, was mir bei einem meiner Thiere passirte. An den Menschen wagen sich die Blattnasen trotz der vielen gegentheiligen Behauptungen nicht, sie dringen zwar, da sie in Dorf und Stadt vorkommen, bis in die Zimmer und streifen zuweilen den Schlafenden mit den Flügeln, aber es ist mir während meines langjährigen Aufenthaltes in Venezuela kein einziger Fall bekannt geworden, wo ein thätlicher Angriff auf den Menschen erfolgt wäre. Es giebt ungemein viele Gattungen und Arten in Südamerika heimischer Fledermäuse, worunter Phyllostoma hastatum, von der ich in San Estéban ein besonders stattliches Exemplar mit 60 cm Flügelweite in meinem Zimmer fing, die grösste ist. Unter den vielen Thierlauten erregt besondere Aufmerksamkeit die winselnde Stimme der hier häufig vorkommenden Wickelbären. Meist schleichen sie still umher, die Baumkronen nach schlafenden Vögeln durchsuchend, und lassen wahrscheinlich dann, wenn sie um die Beute in Streit gerathen, ihre Stimme hören. Der Wickelbär (Cercoleptes caudivolvulus) ist von der Grösse einer ausgewachsenen Katze, hat also eine ungefähre Körperlänge von 40 cm, er erscheint aber in Folge des allein 45 cm langen Schwanzes weit grösser. Der Körper ist gestreckt und etwas plump gebaut, die Farbe des weichen Pelzes graugelb, bei recht alten Exemplaren fast ockergelb; als echter Sohlengänger hat er in Bewegung und Aussehen viel Aehnlichkeit mit den wirklichen Bären. Er ist bei den Eingeborenen, die ihn allgemein Cuchi-Cuchi nennen, wegen seiner Lebhaftigkeit und ausgesprochenen Possirlichkeit sehr beliebt und trifft man ihn, da er sehr gutmüthig und leicht zu zähmen ist, in vielen Haushaltungen an. Ich selbst brachte von meiner letzten Reise einen Wickelbär nach Maracaibo und nahm denselben auch mit nach Deutschland, wo er vielleicht im Berliner Aquarium noch haust. Das Thierchen hatte sich so an mich gewöhnt, dass es jedes meiner Worte verstand und beständig um mich sein wollte. Besonders auf der langen Seereise hat er uns viel Spass durch seine Kunststückchen bereitet, so dass er bald der Liebling der Passagiere wurde.

Eine gewisse Stille trat nach Mitternacht für einige Zeit ein, und wurde auch ich bald vom Schlafe überwältigt. Doch lange sollte die Ruhe nicht dauern, denn plötzlich drang ein eigenthümliches Geräusch an mein Ohr, und in demselben Augenblick stürzte der Wachthabende mit dem leisen Rufe: „El tigre" auf mich zu. Wie elektrisirt schnellten wir empor, die Gewehre zum Anschlag ergreifend. Zunächst vermochten wir ihn nicht zu sehen, und nur ein kurzes Knurren bedeutete den Weg, den er um das Lager schleichend nahm. Nur augenblicksweise konnten wir Theile von ihm erblicken und zwar dann, wenn er Stellen passirte, die der Feuerschein traf. So funkelten die feurigen Augen blitzschnell an einer Stelle hervor, aber leider nur für so kurze Zeit, dass ich es nicht wagen konnte zu schiessen, denn man darf nur dann schiessen, wenn man sicher ist das Thier tödtlich zu treffen; von einem nur leicht verwundeten Jaguar ist ein Angriff bestimmt zu erwarten, der bei der Dunkelheit immerhin unglücklich verlaufen kann. Nachdem er unser Lager mehrmals umkreist hatte, verschwand er so schnell wie er gekommen war. Wir erholten uns bald von dem immerhin aufregenden Zwischenfall, denn wenn auch bei mir weniger persönliche Furcht in Betracht kam, so verursachten doch die Angst um die Maulthiere und das Gefühl Gelegenheit zu haben, einen der gefürchteten Räuber zu erbeuten, eine gewisse Erregung. Einen ähnlichen nächtlichen Besuch erhielt ich vom Jaguar auf meinen vielen Reisen nur noch einmal und zwar südlich vom See von Valencia, als wir uns auf dem Serro Azul im Walde verirrt hatten, und hier kam ich zum glücklichen Schusse. Der Jaguar und der Puma, die beiden grössten Katzenarten Südamerikas, verbreiten sich über den ganzen Continent und kommen auch in den höheren Gebirgsregionen vor.

Unsere Nachtruhe wurde nun nicht wieder gestört und nach einem kurzem, aber stärkenden Schlafe weckte mich das am frühesten Morgen beginnende Leben und Treiben der Tagesthiere, das zu dieser Zeit weit lebhafter ist, als am Spätnachmittage. „Los pajaros cantan todos", sagten meine Begleiter, „die Vögel singen alle, sie freuen sich des schönen Tages"; denn man spricht hier allgemein: „Je lebhafter die Vögel singen, desto sicherer ist die Hoffnung auf gutes Wetter." Wenn uns auch kein so melodischer Gesang begrüsst, wie in unseren heimischen Eichenwäldern, so ist doch das Vogelconcert so mannigfaltig und eigenthümlich, dass es unsere Aufmerksamkeit voll und ganz erregt. Laut übertönt der Ruf eines grossen Pfefferfressers mit seinem „Dios te dé" (Gott gebe Dir) alle anderen, und es ist nach Ansicht der Eingeborenen ein günstiges Zeichen für den kommenden Tag, wenn dieser Vogel seine Stimme frühzeitig hören lässt. „Falta poco, falta poco" (wenig fehlt, wenig fehlt) pfeift in tiefen, dem Pfeifen des Menschen ähnlichen Tönen eine grosse Taube. Es bedeutet, dass wir unser nächstes Ziel schnell und glücklich erreichen werden, und in der That ist die erwähnte kleine Niederlassung, wo der erste Rasttag gehalten werden soll, den ich zum Durchforschen der nächsten Umgebung und zum Sammeln der hier vorkommenden Thiere benutzen will, nicht mehr weit. Im Vergleich zu der schwülen Nacht ist auch hier der frühe Morgen vor Sonnenaufgang erfrischend und angenehm, und rüsteten wir nun bald zum Aufbruch, um eine möglichst grosse Strecke zurücklegen zu können, bevor die Sonne ihre heissen Strahlen herabsendete. Bleibt auch

„El tigre."

der Weg noch immer beschwerlich und anstrengend, so kommen wir, da er hier breiter und schon etwas fester ist, doch weit schneller vorwärts. Auf diesem Marsche hatte ich wiederum unter der Plage der vielen Mosquitos zu leiden, die, trotzdem ich Kopf und Gesicht in Tücher hüllte, überall hindrangen, sogar in Nase und Ohren. Doch damit das Mass des Leidens voll werde, stiess ich unvorsichtiger Weise an eine mit Orchideen und Bromelien bewachsene Liane, den Lieblingsaufenthalt einer Ameisenart, und ein förmliches Sturzbad dieser Thiere ergoss sich über mich, sodass ich absteigen musste, um mit Hülfe meiner Leute die neue Plage zu entfernen. Dieselben mussten herzlich über meine Geberden lachen, haben sie doch weniger unter den Angriffen aller dieser tropischen Plagegeister zu leiden, denn mit der Zeit wird die Haut abgehärtet und weniger empfindlich für die Stiche und Bisse derselben. — Hochinteressant ist es, die Wanderameisen zu beobachten, wie sie in unendlichen Zügen zusammen vorwärtsziehen, um ein neues Feld für ihre verheerende Thätigkeit zu suchen. Auf einer Tour durch das Küstengebirge von Carúpano war ich ganz unvermuthet in eine Wanderameisenstrasse gerathen. Der Stimme eines seltenen Vogels nachgehend, sah ich bald eine Masse kleiner Vögel, die emsig auf- und abflogen, und hatte auch das Glück einen derselben zu schiessen. Auf der Suche danach sass ich plötzlich inmitten des Zuges und war froh, unversehrt wieder herauszukommen. Unmöglich ist es einen Begriff von den Ameisenmassen zu geben, die einen solchen

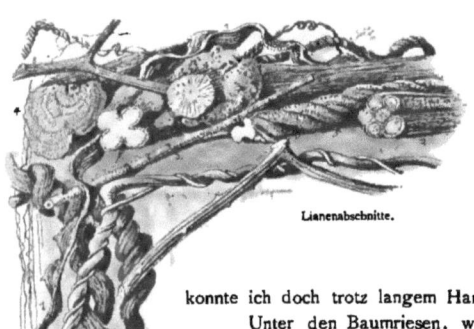

Lianenabschnitte.

Strassenzug bilden; an manchen Stellen, wo der Boden es gestattete, war er 3 — 4 Fuss breit; wo Hindernisse sind, theilt er sich, kommt aber immer wieder in der Hauptstrasse zusammen. Hart an derselben kann man ungefährdet das Treiben der Thiere beobachten, fast jede Ameise schleppt ein Blättchen mit sich, den Proviant für die Reise (?), viele sieht man umkehren, um die verlorene Last zu holen, wieder andere suchen den glücklichen Besitzern die Beute abzujagen. Obgleich der Zug sich ziemlich schnell bewegte, konnte ich doch trotz langem Harren das Ende desselben nicht abwarten.

Unter den Baumriesen, welche uns auf unserem Weitermarsche oft hindernd entgegentreten, sind die Ceiba (Bombax Ceiba) und der Candelero besonders hervorzuheben. Der Stamm der ersteren ist in der Mitte dick angeschwollen, und die ziemlich wagerecht stehenden Aeste bilden eine dichte Laubkrone, die, was selten in den Tropen vorkommt, während der Trockenzeit fast ihren ganzen Blätterschmuck verliert. Die Wurzeln heben sich meist schaufelartig aus dem Boden und treten an freiliegenden Wegen weit heraus. Bei keinem Baume aber ist die Bildung der Wurzel so merkwürdig wie bei dem Candelero, von welchem eine genau nach der Natur genommene Zeichnung, die von der Form und Grösse der wand- und pfeilerartig verbreiterten Wurzelauswüchse eine klare Vorstellung giebt, beigefügt ist. Die Aufnahme dieser Zeichnung wäre mir, da die Bäume zu dicht aneinander stehen, kaum möglich gewesen, wenn ich nicht zufällig bei Niederschlagung einer, zur Anlage neuer Kulturen (Rozas) bestimmten Waldstrecke, das Prachtexemplar vereinzelt vorgefunden hätte. Der Raum zwischen den einige Meter hohen Wurzelstreben ist so gross, dass ich darin mehrmals mein Nachtquartier aufschlagen konnte, indem ich mir durch Bedecken desselben mit Lianen und Palmenblättern eine vollständige Hütte schuf. Vor allem sind aber nun hier die vielen Lianenarten, von den Eingeborenen Bejucos genannt, zu erwähnen, da sie dem tropischen Walde seine eigenthümliche Physiognomie geben. Sie sind in ihren Gestaltungen ungemein verschieden, ganz entsprechend der grossen Mannigfaltigkeit der anderen Vegetationsformen. Neben dem malerischen Gepräge, welches sie durch ihre wunderbaren Verschlingungen und Verflechtungen der Waldscenerie aufdrücken, erregen sie auch unser Interesse durch ihre originellen Einzelformen, die man indess auf dem ganzen grossen Pflanzenbilde nicht zu erkennen vermag. weshalb ich in der hier beigefügten Vignette die nach der Natur gezeichneten Hauptformen darbiete. Eine der interessantesten ist die Kettenliane (Bauhinia splendens, Fig. 1), welche eine grauweisse Farbe hat und sich lebhaft vom dunklen Grün der Bäume, die sie meist netzartig überzieht, abhebt. Sie ist in der heissen Region überall stark vertreten und wird, wenn sie sich noch nicht weiter als bis zur Strickstärke entwickelt hat, wegen ihrer Zähigkeit von den Eingeborenen vorwiegend zum Binden benutzt, ja im Inneren vertritt sie beim Hüttenbau die Stelle der hier leicht rostenden Nägel. Die auf der Vignette mit 2 bezeichnete Liane ist kabelartig, wird 3—5 cm stark und hat im Querschnitt ein mosaikartiges Aussehen. In fusslangen Abständen hat sie Knoten, und wenn sie alt wird, dann lösen sich die zwischen denselben befindlichen Stäbe, sodass man hindurchsehen kann. Figur 3 zeigt eine meist gerade wachsende, 2—3 cm starke Liane, die deshalb interessant ist, weil sie, ähnlich der Walze einer Spieldose, mit unzähligen kleinen Dornen oder Zacken besetzt ist. Nr. 4 ist eine der stärksten Lianen, sie erreicht einen Durchmesser von 12—15 cm, trotz ihrer Stärke aber finden sich hier die engsten Verschlingungen, wie dies durch Figur 6

Candelero.

Harpyla destructor.

angedeutet ist. Bei 5 ist der Querschnitt glatt, die Windungen ganz tauartig und die gelbgraue Schale quer gerieft. Bei 7 ist das Sternförmige deutlich ausgeprägt und Nr. 8 ist eine rebenähnliche Form, die vielfach zu Spazierstöcken benutzt wird. Aus den Lianen werden allerlei Geräthe, wie Blumentische, Stühle, Bänke u. s. w. verfertigt, auch stellt man durch eng aneinander gruppirte Querschnitte reizende Mosaikplatten daraus her. Selbst in der Arzneikunde spielen sie eine Rolle, so soll besonders die Kettenliane ein vorzügliches Mittel gegen Rheumatismus sein. Während die Lianen auf der einen Seite den Wald dem Menschen fast unzugänglich machen, vermitteln sie andererseits für den Affen und andere kletternde Thiere den Verkehr von Baum zu Baum, ja selbst über Wasserläufe hinweg. Da die meisten Schlingpflanzen hoch emporsteigen und ihre Blätter und Blüthen, dem Lichte zustrebend, erst in den Baumkronen und über diesen entfalten, so ist es sehr schwer, ihren Blätter- und Blüthenschmuck kennen zu lernen. Die herrlichsten Blumen finden sich bei den Bignoniaceen, Passifloren und Aristolochien, welche sich, nicht so hoch aufsteigend, auch unseren Blicken weniger entziehen und uns durch ihre Form und Farbenpracht vielfach entzücken.

Bei Annäherung an den kleinen, aus wenigen armseligen Hütten bestehenden Ort, el caño del padre, wird der Weg breiter, und wir beschleunigten unseren Marsch um so mehr, als in voller Spannung die nahe Lichtung erwartete; mussten sich doch uns hier die Gipfel der schon näher gerückten Cordillera in ihrer vollen Pracht zeigen. Leider sollte meine Sehnsucht nach diesem stets fesselnden und herrlichen Anblick nicht gestillt werden, denn über dem vor uns liegenden Walde, hinter dem die Cordillera hervortreten sollte, lag dichter, undurchdringbarer Dunst. Wir fanden in der kleinen Niederlassung reges Leben vor, denn mehrere Maulthiertropillas mit Kaffee waren gerade von der Cordillera angelangt. Die Hütten sind hier von denselben Kulturpflanzen umgeben, wie am Rio Escalante, nur ist die Ausdehnung der Felder, um die sich der Urwald ringartig zieht, bedeutend grösser. Der Platz gilt als besonders ungesund, wahrscheinlich wegen der Nähe der beiden grossen Lagunensümpfe; indess mag es hier in dieser Beziehung nicht schlechter bestellt sein, als sonstwo im grossen Zuliagebiete, denn überall sind dieselben Bedingungen für ein schädliches Klima vorhanden. Immerhin macht sich in diesen Wäldern, wo die Luft feucht ist und wo es an Schatten nie fehlt, dem Reisenden die Hitze nicht so unangenehm fühlbar, wie in manchen höher liegenden kahlen Gegenden, wo er den Sonnenstrahlen ausgesetzt ist. Während unseres Durchzuges wenigstens stieg das Thermometer nie über 32 ⁰ R. In der Stadt Maracaibo, also an der Nordseite des Sees, wird die Temperatursteigerung empfindlicher, und doch das Klima nicht so ungesund wie im Zuliagebiet. Hier ist der Hauptherd des gefürchteten Malariafiebers. Das gelbe Fieber, auch vomito negro, das „schwarze Erbrechen" genannt, welches früher nur auf den Küstenstrichen heimisch war, ist in neuerer Zeit ziemlich tief ins Innere eingedrungen und hat Höhen wie Caracás, Valencia, und sogar Betijoque in der Cordillera erstiegen, die früher für seuchenfest galten. Aber mehr noch als die verschiedenen Fieber, dürfte die häufig vorkommende Dysenterie zu fürchten sein, die oft, wenn auch langsamer, den Tod mit sich bringt. Gegen alle Tropenkrankheiten ist eine vorsichtige, regelmässige Lebensweise das beste Vorbeugungsmittel.

Doch kehren wir wieder zur Reiseschilderung zurück! Gestärkt durch Rast und Nahrung drangen wir am nächsten Morgen in den Wald ein, um eine der in dieser Gegend befindlichen Lagunen aufzusuchen. Noch bevor der Morgenstrahl durch die Lichtung brach, sah ich hoch oben den gewaltigsten Adler von Südamerika, Harpyia destructor, seine Kreise ziehen. Dieser majestätische Vogel, der an Grösse unseren Steinadler übertrifft, schien anfangs nach Beute auszulugen; bald jedoch liess er sich auf den kahlen Ast eines der Baumriesen nieder und ich konnte mit meinem Fernglase eine gute Weile seine Stellung und Bewegung beobachten, deutlich, als stände er vor mir. Nach wenigen Augenblicken jedoch erhob er sich wieder und verschwand hinter der Waldmasse. Die Harpyia kann sicher als der kühnste und verwegenste Jäger unter den Raubvögeln gelten. Er stürzt sich vorzugsweise auf Säugethiere, wie Affen und Faulthiere, die bei seinem Nahen zitternd in ein Geheul ausbrechen. Wie mir die Eingeborenen mittheilten, zieht dieser Adler das Faulthier allen anderen als Beute vor, da dieses träge Geschöpf viel leichter zu erhaschen ist, als ein Mitglied der behenden Affensippe. Von dieser dürfte der rothbraune Brüllaffe (Mycetes ursinus) die weiteste Verbreitung haben. In allen Waldrevieren bis zu einer Höhe von tausend Metern über dem Meere

Brüllaffen.

und auch in den Llanos ist er zu finden. Im Vordringen bot sich uns bald wieder Gelegenheit die possirlichen Bewegungen dieser grossen, bärtigen Gesellen, Araguate, wie sie von den Eingeborenen genannt werden, zu betrachten; besonders drollig nahm es sich aus, wenn sie sich auf den schwankenden Lianen schaukelten. Gewöhnlich leben sie in Trupps von 6—12 Stück zusammen und führen in den Baumkronen, dicht aneinander gerückt, ihr Brüllconcert aus, das einer von ihnen, vermuthlich der Führer der Gesellschaft, gewissermassen als Vorsänger leitet. Er stösst dabei kurze, wie U, U, U tönende Laute aus, die in dem gedehnten, trommelnden Geräusch der andern verklingen. Es ist nicht leicht, diese Thiere genauer zu beobachten. Am besten kann das geschehen, wenn man ruhig auf seinem Platze verharrt und die Annäherung ihnen überlässt. Aus Venezuela sind bisher etwa zwanzig verschiedene Affenarten bekannt geworden, von denen wir die Monos, welche etwas kleiner als die vorerwähnten sind, und die Kapuzineräffchen (Cebus capucinus) häufig antreffen. Weniger kommt Ateles Beelzebuth — die Marimonda der Eingeborenen — vor. Es ist dies ein ziemlich grosser, sehr langarmiger Affe, den die Engländer sehr bezeichnend „Spider-Monkey" (Spinnenaffe) nennen. Thatsächlich gleicht er auch mit seinen langsamen, recht komisch wirkenden Bewegungen einer Riesenspinne. In der Gefangenschaft sind diese Thiere sehr ruhig und gutartig, wie ich an einem Exemplare, das ich längere Zeit lebend hielt, beobachten konnte. Es gab einen drolligen Anblick, wenn dieser Bursche gelassen in aufrechter Haltung sass und die beiden Vorderarme, dessen Hände keine Daumen haben, hoch über seinen Kopf hielt, als wollte er sie im Sonnenschein wärmen. Wurde er in den Schatten gesetzt, so erhob er sich sofort, um ein sonniges Plätzchen aufzusuchen. Von anderen Säugethieren kommt das Nabelschwein (Dycotiles torquatus), in Venezuela Vaquira genannt, am häufigsten vor. Sie leben in Rudeln und ziehen die Aufmerksamkeit hauptsächlich durch ihre geräuschvolle Flucht bei der Annäherung von Menschen auf sich. Wie mir versichert wurde, sollen ausgewachsene Thiere dieser Art — sie erreichen eine Länge von einem Meter — dem Jäger oft gefährlich werden, besonders wenn ihnen der Ausweg zur Flucht genommen ist. Uebrigens lassen sie sich trotzdem leicht zähmen und ich sah hier und da Vaquiras, die ihren Herren wie Hunde folgten.

Je tiefer wir in den Wald dringen, je mehr wir von dieser überreichen Naturpracht kennen lernen, um so gespannter wird auch unsere Aufmerksamkeit. Man lernt sozusagen mit vier Augen sehen. Darauf wirken nicht nur die Liebe zur Natur und der Sammeleifer ein, sondern auch die Vorsicht, welche durch das Vorhandensein verschiedener gefährlicher Schlangen geboten ist. Durch das Lianengewirr uns mühevoll den Weg bahnend, ein Versuch, der zuweilen ganz hoffnungslos schien, unter uns den feuchten elastischen Boden, der meterhoch mit faulenden Pflanzenresten, Palmenblättern, herabgestürztem Astwerk und dergleichen bedeckt ist, mochte es mehr als einmal geschehen, dass wir diese Reptilien und auch anderes Gethier, wie riesige Tausendfüssler, Skorpione, aus ihren Schlupfwinkeln aufstörten. Zuweilen kommt es auch vor, dass man auf ein verborgenes Wespennest stösst: im Augenblicke schwärmen Tausende der Bewohner aus. Diese zudringlichen, etwa 2 cm langen Thierchen werden von den Eingeborenen Pegónes genannt; ein Ausdruck, der von pegar, ankleben, abgeleitet ist. Sie heften sich nämlich an Haar und Bart an und kriechen unter den Kleidern fort bis auf die Haut. Zwar stechen sie nicht nach Art unserer Wespen, es ist vielmehr ein Kratzen und Krabbeln, ähnlich wie es von Ameisen ausgeübt wird. Nur verhältnissmässig wenige der zahlreichen Schlangenarten, die hier vorkommen, sind giftig, und auch vor diesen kann man sich mit einiger Aufmerksamkeit leichter schützen, als gewöhnlich angenommen wird. Die gefähr-lichsten sind wohl die Klapperschlange (Crotalus durissus), Cascavel, und die noch viel grössere Mapanare (Lachesis mutus). Erstere, ein träges Thier, überraschte mich zuweilen im Walde, indem ich, nach einem seltenen Vogel oder dergleichen Ausschau haltend, plötzlich durch ihr Geklapper aufge-schreckt wurde. Bot das dichte Gestrüpp kein unüberwindliches Hinderniss, so wurde ihr dann natürlich rasch der Garaus gemacht. Uebrigens kommt die Cascavel nicht nur in den Niederungen vor; auf dem Küstengebirge von Carácas sah ich sie oft sogar in einer Höhe von 1000 bis 1500 m. Eine sehr schöne, jedoch kleine Schlange ist die in Deutschlands Farben, schwarz-weiss-roth gebänderte Coral (Elaps coral-linus), welche sich häufig in den Häusern einschleicht. Sie ist zwar giftig, müsste indess keineswegs so gefürchtet werden, als es thatsächlich der Fall ist, denn ihre prächtige Färbung ist zu auffällig, als dass sie leicht übersehen werden könnte. Als unerwünschter Hausgast pflegt sich zuweilen auch die nicht giftige Sammetschlange (Typhlops lumbricaulis) oder, wie sie hier zu Lande genannt wird, die Culebra de terciopelo einzustellen. Mehr jedoch beschäftigen und erschrecken oft die grösseren ungiftigen Formen, wie die Boa constrictor, hier Traga venado, Hirschverschlinger geheissen, die in Wäldern besonders an trockenen Stellen nicht selten den Pfad des Jägers kreuzen. Während eines Ausfluges in die Hochwälder von Carúpano versuchte einer meiner Begleiter eine plötzlich vor ihm erschienene Boa zu erjagen. Der dichte Pflanzenwuchs schwächte zwar den Hieb ab, aber dennoch gelang es ihm dieselbe am Genick zu fassen. Allein schon im nächsten Augenblick hatte die Schlange mit ihrem dicken Leib des Mannes Körper umschlungen, während sie ihr Schwanzende um einen Baumstamm ringelte. Aus einer kurzen Entfernung hörten wir des Aermsten Jammergeschrei, ohne auch nur eine Ahnung der Ursache zu haben. Wir eilten zur Stelle und es war just noch Zeit genug ihn aus seiner Umschnürung zu retten, indem wir das Schwanz-ende mit den Waldmessern durchschnitten. Nur wenige Augenblicke später und wir hätten den sehr kräftigen Mann mit eingedrückten Rippen vorgefunden. Von den vielen kleineren Arten ist die sogenannte Lianen-schlange (Culebra de Bejuco) eine der beweglichsten und nur schwer zu Gesicht zu bekommen. Sie hat, wie schon ihr Name andeutet, eine grosse Aehnlichkeit mit dünnen Lianen, zwischen denen sie mit beson-derer Schnelligkeit hindurchschlüpft. Oft blickt man eine gute Weile auf das Lianengewirr, ohne die an ihm hängende Schlange zu bemerken; kommt man näher, so verschwindet sie plötzlich, und es ist gleichsam, als löse sich ein Stück Liane ab. Beim Zeichnen eines gestürzten Baumes, der ein ganzes Netz Lianen zu Boden gerissen hatte, fiel mir auf, dass zwei Kolibris, die auf- und abflogen, immer nach ein und derselben Stelle stiessen. Anfangs konnte ich die Ursache dessen nicht entdecken, doch vermuthete ich, dass in den Lianen ein Vogel verborgen sei, mit dem die kleinen muthigen Vögel ihr neckisches Spiel trieben. Als ich jedoch längere Zeit aufmerksam hinblickte, bemerkte ich den erhobenen Kopf der Lianenschlange, auf den es die Angreifer abgesehen hatten. Als ich behutsam mein Gewehr erhob, verschwand die Schlange blitzschnell und mit ihr die prachtvoll glänzenden Kolibris. Es war dies eine recht anmuthige Thierepisode, die mir wiederholt den Beweis erbrachte, dass die Kolibris trotz ihrer Kleinheit neckische und recht tapfere Geschöpfchen sind.

Wir waren schon ziemlich tief in den Wald gedrungen, aber noch war es dunkel und kein heller Schein deutete uns die Lichtung an, in welcher die Lagune sich befinden sollte. Schon wähnte ich eine falsche Richtung genommen zu haben, oder dass die mir geschilderte Sumpfgegend vom Urwald wieder überwachsen sei. Aber trotzdem beschleunigten wir, so gut es gehen mochte, unseren Marsch, und unser Mühen sollte auch bald reichlich belohnt werden. Gegen Osten wurde es allmählich heller und einzelne Durchblicke liessen uns den klaren Himmel erkennen. „Ahí está el caño!" (Da ist der Sumpf) riefen meine Begleiter aus. Bald vernahmen wir auch zahlreiche Vogelstimmen, die aus demselben herübertönten. Es war ein ganz neues Bild, das sich mir hier bieten sollte, die wundervollsten Contraste der Landschaft nebeneinander gestellt. Noch beengten die weit ausragenden Blätter der Heliconien den Ausblick, aber bald war auch dies überwunden und vor uns lag, nur theilweise frei, die Lagune, umringt vom üppiggrünenden, dichten Walde, hinter welchem fern im Südosten die gewaltige Cordillerenmauer emporragte (siehe Aquarelle). Still, staunend, bewundernd liess ich den Blick in die Runde schweifen, freudig bewegt von diesem im Sonnenglanz strahlenden herrlichen Landschaftsbilde, dessen tropische Pflanzenpracht, die schneeigen Gipfel im Hintergrunde, nach dem anstrengenden Marsche durch die dunkele, feuchte Baumregion nun um so wirksamer zur Geltung kam. Aber

Parra Jacana.

ach, wie bald mag diese malerische Pracht entschwinden! Wenn bei anhaltender Trockenheit das Wasser versiegt und ein dichter Pflanzenteppich den jetzt vor uns liegenden schimmernden Spiegel bedeckt; wenn aus dem Marschboden der Lagune ein neuer Wald im Walde zauberschnell emporspriesst — dann wird hier jede Fernsicht verschwinden, dann wird auch hier das Halbdunkel der Moder erfüllten Stätte herrschen, aus der wir soeben herausgetreten sind.

Uns vorsichtig dem Lagunenrande nähernd, werden wir mit Staunen gewahr, welches rege Leben der Fauna in dieser Abgeschiedenheit vorhanden ist. Besonders sind es die Vögel, die mannigfaltig und zuweilen auch sehr zahlreich die Scenerie beleben. Ihr Zuflug und ihr Fortfliehen verändert kaleidoskopisch das Bild; fast scheint es, als hätten sich alle hier ein Stelldichein gegeben. Zuviel bietet sich dem Auge des Beobachters; und wenn er seine Aufmerksamkeit nur dem Treiben der Sumpf- und Wasservögel zuwendet, so sind es zunächst die grösseren Vogelformen, die uns hier auffallen. Die rosen- und carminrothen Löffelreiher (Platalea Ajaja), die in Schwärmen herbeiziehen und mit ihren langen löffelförmigen Schnäbeln geschickt den Sumpf durchwühlen, treten in erster Linie hervor; und es gewährt einen überaus schönen Anblick, sie über den Wasserspiegel dahinstreichen zu sehen, um sich dann hoch in den blauen Aether zu erheben. Wie stumpfsinnig und gewöhnlich vereinzelt steht hier der Riesenstorch (Mycteria americana), und die unserem Storche etwas ähnliche Ciconia Maquari formirt sich an manchen Stellen zu ganzen Reihen. Der Nimmersatt (Tantalus loculator) fehlt nur selten bei dieser hochbeinigen Gesellschaft. Es würde zu weit führen, hier alle die verschiedenen Reiher- und Ibisarten aufzuführen. Am auffälligsten von ihnen ist der schlanke, seidengefiederte Silberreiher, der nicht nur im Sumpfe sich herumtummelt, sondern auch auf gestürzten Baumstämmen und auf Aesten seinen Sitz zu nehmen pflegt. Viele Vögel, die sich gewöhnlich im Schilfe und zwischen anderen Wasserpflanzen verborgen halten und sich nur durch ihr stetes Pfeifen und Schnattern bemerkbar zu machen pflegen, werden zuweilen sichtbar, wobei das braungelbe, spornflügelige Rohrhuhn (Parra Jacana), von den Eingeborenen „Gallito" genannt, durch sein lebhaftes Wesen immer wieder unsere Aufmerksamkeit auf sich zu lenken weiss. Seine besonders langen geraden Krallen ermöglichen es ihm, blitzschnell über die grossen Nymphaeenblätter hinweg zu huschen. Und wenn bei seinem häufigen Aufflug aus den Pflanzengruppen und dem darauf folgenden raschen Niederstürzen, auf die für kurze Zeit entfalteten, hellgoldgelb erscheinenden Schwingen das volle Sonnenlicht fällt, dann ergiebt dies einen märchenschönen Anblick, den zu geniessen man nicht müde werden kann. Es ist mir immer auffällig gewesen, dass in derartigen Waldlagunen und -Sümpfen der Flamingo und der rothe Ibis fehlten. In Venezuela scheint letzterer

Jaguar, Capybaras beschleichend.

ausschliesslich dem Küstengebiet anzugehören, während sich der Flamingo, ähnlich wie in den Pampas von Buenos Ayres und hauptsächlich in den ausgedehnten Llanos Venezuelas aufhält, wo er, zu grossen Schaaren vereint, die offenen Lagunen vorzugsweise aufsucht. In geraden Linien durchschreiten sie die gewöhnlich seichten Sümpfe, einer langen Reihe Soldaten ähnelnd, besonders wenn ein leichter Nebel auf der Ebene liegt, der durch Vergrösserung des interessanten Bildes die Täuschung zu erhöhen geneigt ist. Unserem grauen Reiher ähnlich, jedoch bedeutend grösser, zeigt sich hier und da wie ein Bild der Schwermuth die Ardea cocoi; auch der merkwürdige Kahnschnabel (Cancroma cochlearia) erscheint, wie ich Gelegenheit zu beobachten hatte, vereinzelt, obgleich er keineswegs zu den seltenen Vögeln zählt. Von Zeit zu Zeit treten verschiedene Wasserhühner, Enten, schnepfen- und strandläuferartige Vögel hervor, letztere in Schaaren von dreissig bis vierzig Stück. Ihr lautes Pfeifen übertönt viele der anderen Vogelstimmen. Nicht minder mannigfaltig ist auch die Insektenwelt vertreten; prachtvolle Schmetterlinge und unzählige über dem Wasser sich schaukelnde Libellen prangen in den buntesten Farben. — Dieses ewig feuchte Sumpf- gebiet ist so recht der Aufenthaltsort des Tapirs. Die Gunst des Zufalls will es, dass es uns auch hier gelingt, ihn an den Lagunenrand heraustreten zu sehen. Zuweilen erschreckt uns ein plötzliches Geräusch im Wasser. Es rührt von den sogenannten Wasserschweinen oder Chicueres (Hydrochoeros Capybara) her, die vermuthlich vor dem sie verfolgenden Jaguar die Flucht ergreifen. Aber sie hasten nur einer neuen Gefahr entgegen, denn im Wasser bedroht sie der frassgierige Kaiman; ihr Loos ist also, wie die Ein- geborenen fatalistisch bemerken, überall gefressen zu werden. Dieses grösste aller Nagethiere ist gleich dem etwas kleineren sogenannten Wasserhund (Myopotamus coypus), dem Perro de Aqua, fast über ganz Südamerika verbreitet. Es ist hier recht schwierig, in den meisten Fällen sogar unmöglich, sich die Beute an geschossenen Vögeln zu sichern, sofern man, wie es bei uns der Fall war, kein Boot zur Verfügung hat, denn man würde bei jedem Schritte in den Sumpf sinken. Wir mussten uns daher auf die Jagd am Rande der Lagune beschränken, was noch immer genug Mühe ergab. In dieser Abgeschiedenheit scheint ein Schuss auf die Thierwelt ganz anders zu wirken, als in Gegenden, wo des Jägers Flinte häufiger laut wird. Manche Vögel rühren sich nicht von der Stelle; andere wieder heben sich hoch empor, kreisen eine Zeitlang umher, als suchten sie die Ursache des fremdartigen Knalles zu erkunden und kehren dann wieder zurück. Häufig sogar konnte ich beobachten, wie die Vögel herbeigeflogen kamen, wenn ich im Wald, der wie ausgestorben dalag, einen Schuss abfeuerte. — So bietet denn jeder Moment des Weilens ein neues interessantes Schauspiel, und wir möchten gerne noch länger verbleiben, mahnte uns nicht die vorgeschrittene Zeit zur Rückkehr. Noch einen Blick auf die Lagune, auf die im Hintergrunde emporragende Cordillera mit ihren schneeigen Höhen und dann wieder zurück in Waldesdunkel! Mit neuen Eindrücken, mit Auffrischung so mancher Erinnerung an früher Erlebtes, suchen wir unser Nachtquartier auf.

In dem kleinen Neste herrschte ein ungewöhnlich reges Treiben. In einer uns benachbarten Hütte wurde ein Velorio abgehalten, wozu wir, und besonders ich, eine freundliche Einladung erhielten. Obgleich ermüdet, durften wir doch nicht absagen, denn dies wäre als beleidigende Theilnahmlosigkeit gedeutet worden. Es herrscht nämlich die Sitte oder Unsitte, den Tod eines kleinen Kindes — das nun als Angelito, Engelchen gilt — mit frohem Spiel und Tanz zu feiern. Als wir an Ort und Stelle gelangten, war die Lustbarkeit schon im vollen Gange. Helles Licht strahlte aus dem Hintergrunde der mit Palmen- und Bananenblättern gedeckten Hütte, deren grössere Hälfte einen nach allen Seiten hin offenen Vorraum bildete. Hier wiegten sich Männer und Weiber im langsamen Tanze, zu welchem Guitarren und Maraccas einförmige Melodien spielten, während einige Sänger aus dem Stegreif „das Engelchen" besangen. Die ganze Rückwand war mit Pflanzen prächtig ausgeschmückt, und in der Mitte, auf einem altarartig erhöhten Ge-

Velorio.

stelle, lag zwischen Blumen die kleine Leiche aufgebahrt, im Halbkreis von brennenden Lichtern umgeben. Das Ganze war höchst geschmackvoll angeordnet, was übrigens hier nicht schwer fällt bei dieser Fülle an malerischen Pflanzenformen. Die riesigen Wedelblätter der Palma de vino bedeckten zunächst die ganze Rückwand. Etwas tiefer, mehr aus der Wand hervortretend, neigten sich Fächerpalmen, und zwischen ihnen die atlasglänzenden Heliconien mit ihren herrlichen rothen Blüthen, während fein geschwungene Guirlanden, umwunden von wunderschönen Orchideen, den oberen Theil des Raumes nach verschiedenen Richtungen hin durchzogen; von diesen wieder hingen, geschmackvoll vertheilt, lange Gewinde zarter feinblättriger Pflanzen herab, die am unteren Theil ampelartig geformt waren. Zur Verschönerung des Ganzen werden an den Stellen, wo die die Guirlanden haltenden Lianen befestigt sind, feingefiederte Blättergruppen einer kleinen Palmenart (Bactris) angebracht, was den leichten Gewinden einen prächtigen Abschluss gab. Dem Brauch zu genügen, liess ich einige Kerzen und eine Flasche Anisado (Zuckerrohrschnaps) bringen, eine Spende, für die man mir sogleich ein Dankeslied mit den besten Wünschen für meine Zukunft widmete. Wie überall im Lande wurden auch hier derartige Wünsche sehr bestimmt ausgedrückt und je nach der Auffassung des ihnen nicht recht verständlichen Zwecks meiner Beschäftigung. Es hiess da: Der weisse Curioso

Urwaldflora

bleibe gesund, er finde viele schöne Vögel, er male was er will, er finde seine Braut wieder, wenn er eine hat u. s. w. Je mehr man schenkt, je mehr wird auch gesungen. Die Bezeichnung Velorio mag von velár, wachen, oder von vélas, Kerzen, abstammen. Uebrigens scheint zuweilen mit den Velorios arger Missbrauch getrieben zu werden. Mir wurde wenigstens wiederholt erzählt, dass die kleinen Kinderleichen von Hütte zu Hütte getragen werden, um derart mehrere Tage Anlass zu nächtlichen Festlichkeiten zu bieten. Wir zogen uns bald zurück und in unseren Hängematten ruhend, hörten wir noch lange Zeit die Musik herübertönen. — Sehr unangenehm macht sich dagegen die Trauerkundgebung für Erwachsene fühlbar. Einer sucht den andern in Heulen und Jammern zu übertreffen. In Carúpano mussten wir einmal das Haus verlassen, so unerträglich waren die gellenden Stimmen der schreienden Weiber, die sich im nachbarlichen Trauerhause ordentlich ablösten.

Trotz der reichen Naturschönheiten des marschigen Tieflandes waren wir doch froh, am nächsten Tage den letzten Theil des beschwerlichen Weges zurücklegen zu können, der uns auf luftige Höhen führen sollte. So wie wir, dem Fuss der Cordillera näher kommend, das Gebiet der beiden grossen Lagunen verlassen hatten, bemerkten wir bald, dass das Terrain sich allmählich hob, und nach einem kurzen Ritte zeigten sich schon von dichtem Pflanzenwuchs überwucherte erratische Blöcke, die, je weiter wir vordrangen, immer mehr Abwechselung in das Bodenrelief brachten. Auf diesem Zuge durchstreiften wir Strecken, deren Waldcharakter uns theilweise ganz verschiedenartig erscheint, besonders wo die Palme massenhaft auftritt. Im ganzen Zuliagebiet findet man mitten im gemischten Walde solche grossartige Palmenhaine. Es ist ein über alle Beschreibung erhabener Anblick, den diese zahlreichen Riesensäulen bieten, deren prachtvolle Kronen mit ihren gewaltigen Blättern wie ineinander verwachsen über uns ein domartiges Gewölbe bilden, durch das kaum ein Lichtstrahl zu dringen vermag. Aber dennoch würde ein solcher Palmenwald recht monoton erscheinen, wofern nicht zwischen den schlanken Riesenstämmen junge, aufstrebende Bäumchen und alte, mit Schlinggewächs umwundene, oder vom Baumwürger erfasste absterbende Palmen Abwechselung brächten. Die unteren hinwelkenden Blätter dämpfen durch ihre gelbe und rothbraune Färbung das schimmernde Grün, und an manchen bilden sie eine mantelartige Umhüllung der Stämme unterhalb der Blätterkrone. Von den vielen hier vorkommenden Palmenarten sind es hauptsächlich drei, die dem Reisenden in erster Linie auffallen. Hierunter vor allem die schon erwähnte Weinpalme (Attalea speciosa), die einen höchst imponirenden Eindruck macht. Der schlanke, hohe Stamm ist weissgrau, und die Wedelblätter erreichen eine Länge von 10 m und darüber. Die besonders langen Fiederwedel an den hoch empor strebenden Blattstielen stehen gerade ab und sind an den Enden unregelmässig eingeknickt, wodurch das Malerische der Krone noch erhöht wird. Neben dieser Palme finden wir die nicht minder schöne Palma mapora, welche der Königspalme sehr ähnlich ist und die eine ebenso pittoreske, wenn auch kleinere Krone trägt. Die jüngeren Stämme der Maporapalme sind, nahe dem Boden, ziemlich dick, fast flaschenförmig; ganz entwickelt ist der Stamm jedoch verhältnissmässig schlank, glatt und fast gleichmässig stark und bildet bis zur Krone eine 20—25 m hohe Säule. Er ist mit hellen Ringen umgeben, die durch das Abfallen der Blätter hervorgebracht werden. Besonders zart sind die einzelnen Fiederblätter, die, vom leisesten Lüftchen bewegt, unaufhörlich durcheinander spielen. Die flaschenförmige Basis der Blattstiele ist grün und bildet einen wundervollen Gegensatz zu dem grauen, fast weiss geringelten Stamme. Die dritte und kleinere der auffallendsten Formen treffen wir nicht so häufig, wie die beiden vorerwähnten; es ist dies die schöne Fächerpalme, Trithrinax mauritiiformis. Nicht nur im Tieflande, sondern auch auf beträchtlichen Höhen treten die Palmen gruppenweise auf; so giebt es auf dem Cerro azul am See von Valencia in einer Höhe von 600 m ausgedehnte Palmares, die hauptsächlich aus der Hornpalme, der Palma de cacho bestehen.

VIERTES KAPITEL.

—

Beginn des Anstieges.

Vom Wetter begünstigt, kamen wir ziemlich gut vorwärts. Bald zeigte sich der Waldbestand wieder gemischter. Gegen Morgen vernahmen wir ein eigenthümliches klägliches Geschrei und wir erkannten sofort die Stimme des Faulthiers. „La pereza," meinten meine Begleiter, habe sicherlich einen Yacrumobaum kahl abgefressen und sei nun zu faul, auf einen zweiten zu steigen. Nach kurzem Suchen stiessen wir auf das plumpe Wesen. Der schlanke Stamm des Yacrumo (Cecropia peltata) wurde gefällt, und wir konnten ohne irgendwelche Beschwerlichkeiten das Thier erfassen, das uns gleichgiltig anblickte. Um es mitzunehmen, liess ich es auf ein Maulthier, zwischen die beiden Gepäckstücke, setzen, was sich jedoch bald als vom Uebel erweisen sollte. Denn als wir froh des Fanges und zufrieden ob dessen leichter Unterbringung weiter zogen, bäumte sich plötzlich das Maulthier und raste im tollen Galopp dahin, bis es endlich, in einem Lianengewirr verstrickt, Halt zu machen genötigt war, wobei es jedoch wie verzweifelt nach allen Seiten ausschlug. Das Faulthier hatte nämlich seine langen scharfen Krallen in den Hals der Mula eingedrückt, was ihr fürchterliche Schmerzen verursachen musste. Wir eilten dem erschreckten Lastthiere zu Hilfe, und nur mit Mühe und Anstrengung gelang es uns, das Aermste sowohl von der Verstrickung, wie auch von den scharfen Krallen seines Peinigers zu befreien. Wir brachten mit einigem Zeitverluste das Gepäck wieder in Ordnung, und um keine Wiederholung der Störung zu riskiren, liess ich die Pereza auf den erstbesten Baum aussetzen. Die Faulthiere sind in der heissen Region überall nicht selten, und ich fand sie stets nur auf Yacrumobäumen, deren Blätter ihre einzige Nahrung im Walde bilden sollen. Nachmittags erreichten wir Caño negro, eine einsame Waldhütte, die uns wie andern Reisenden eine angenehme Raststelle bot, obgleich die Verpflegung sehr kärglich ausfiel. Wie gewöhnlich, wenn mir Zeit dazu blieb, durchstreifte ich, von einem meiner Leute begleitet, und mit Flinte, Pinsel und Fangnetz ausgerüstet, die Umgebung. Die Findigkeit meines Zambos und das Interesse, das er an meinen Arbeiten nahm, veranlasste mich, ihm das Amt meiner persönlichen Bedienung anzuvertrauen, was er, ungeachtet seines hohen, militärischen Ranges als „Coronel teniénte" (Oberst-lieutenant), vollauf zu würdigen schien. In Venezuela und den meisten anderen südamerikanischen Staaten herrschen in dieser Beziehung ganz merkwürdige Verhältnisse. Man kann Karrenführer und Viehtreiber sehen, Leute, die kaum in die Geheimnisse des Lesens und Schreibens eingeweiht, nichtdestoweniger aber „Generäle" sind. Auch die „militärische Ehre" wird hier von seltsamen Begriffen regiert. Ich sah Leute, die in den häufig erscheinenden Revolutionszeiten heute blau und morgen wieder gelb waren, d. h. sie wechselten, je nach dem Erfolge, Partei und deren Farbe. Zu diesem Behufe führten sie auch Bänder in entsprechender Farbe in der Tasche, um beim Siege des Gegners rasch dessen Zeichen auf den Hut stecken zu können und Ueberläufer zu werden.

Hier im Walde haben wir schon kleine Gebirgsbäche, deren klares Wasser zwischen Rollsteinen fortsprudelt. Mit grossem Vergnügen schlürft man den kühlenden Trank, besonders wenn man, wie ich, vorher lange Zeit nur stehendes schlammiges Wasser geniessen konnte. An solchen Stellen erweitert sich auch der Ausblick, und genügendes Licht fällt auf die Umgebung, so dass man die mannigfaltigen Einzelheiten klar und deutlich unterscheiden kann. Hier findet man die Stätte, wo man ruhig verweilen kann und Gelegenheit zum Sammeln hat; denn Vögel, Insekten und andere Thiere verfolgen den Wasserlauf und die an dessen Rande sich hinziehende Blüthenpracht. Während ich mein Skizzenbuch vornahm, drang mein Begleiter den Bach verfolgend tiefer in das Gestrüpp, woraus ich bald aus kurzer Entfernung seinen Zuruf vernahm: „Tengo Cachicamos" ich habe Gürtelthiere, was mir die angenehme Hoffnung auf einen leckeren Braten für den Abend gab. Sein kundiger Blick hatte in der That rasch den Eingang zur Höhle gefunden, in der diese Thiere tagüber sich aufhalten, und es gelang ihm, zwei grosse und schöne Exemplare auszugraben. Schon früher, besonders in den Bergwäldern von Caripe, beim Aufsuchen neuer Guacharo-höhlen, hatte ich mit den Chaymas-Indianern zuweilen fast wochenlang von Gürtelthieren gelebt, deren Fleisch ähnlich dem des Schweines schmeckt. In Venezuela sind mehrere Arten vertreten, die theilweise im Hochgebirge vorkommen. Ausser dem Gürtelthiere findet der Jäger hier noch andere geniessbare, wohlschmeckende Thiere: verschiedene Arten Agutis und das noch viel grössere Paca (Coelogenys Paca), ebenfalls ein Nagethier, jedoch viel gedrungener gebaut als die Agutis und träger Natur. Tagüber hält es sich gewöhnlich in seiner Höhle, zwischen Baumwurzeln auf, wo es leicht zu erbeuten ist. In Venezuela, wo es Lapa genannt wird, gilt sein Fleisch als Leckerbissen. Von den verschiedenen Hühner- und Taubenarten, die sich hier aufhalten, sei die Gattung Crypturus erwähnt, die ein zartes, wohlschmeckendes Fleisch bietet. — Immer wieder liess sich harmlos das eine oder das andere aus der vorhandenen reichen Fauna blicken, das von mir auch unbehelligt blieb. Für den Sammler, der sein Streben hauptsächlich auf das zu richten hat, was ihm noch fehlt, ist es in vielen Fällen weit nützlicher, durch ruhige Beobachtung des Treibens der Thiere seine Erfahrungen zu ergänzen und in der Erinnerung aufzufrischen, als unablässig den Wald zu durchstreifen. Er erfährt hierbei auch, welche Blüthen und Blätter gewissen Thieren hauptsächlich zur Nahrung dienen. Diese Stelle am Waldbache (siehe Aquarelle) gemahnte mich lebhaft an Waldscenerien, nahe dem herrlichen Thale von San Estéban und im Innern von Carúpano. Dieselben Vegetationsformen, die dort vorhanden sind, waren auch hier in schöner Gruppirung vertreten. Mit der Bezeichnung „Urwaldflora" will keineswegs gesagt sein, dass hiermit ein grosser Theil der Blüthenpracht des tropischen Waldes zur Darstellung gelangt ist; es sind vielmehr diejenigen Formen geboten, die unter ähnlichen Bedingungen überall vorkommen und selbst dem Laien sofort auffallen müssen. Häufig entzückt unser Auge hier besonders die prachtvolle Rosa de Montaña (Brownia grandiceps) mit ihren kinderkopfgrossen Blüthenbüscheln, deren einzelne längliche rothe Blüthen dicht an einander stehen, Riesenerdbeeren gleichend. Die Rosa de Montaña, die über ganz Venezuela verbreitet ist, in Gebirgsgegenden jedoch nur in den unteren warmen Regionen vorkommt, wächst sehr verschieden: in schlanken Einzelstämmen, wie es unser Bild darstellt, oder vieltheilig, eine grosse und dichte

Lapa (Coelogenys Paca).

Blättermasse bildend. Solche Exemplare sind oft mit vielen Hunderten „Rosas" in allen Grössen bedeckt, was im Original einen imponirenden Eindruck macht, im Bilde jedoch würde es zu grell erscheinen. In ihrer ersten Entwickelung sind die Zweige sehr weich und die zarten dünnen Blätter hängen, fest aneinander liegend, bis zu einem halben Meter und darüber herab, was den Baum noch pittoresker erscheinen lässt. Mit ihrer vollständigen Ausbildung richten sich die Blätter auf und ihre anfänglich gelbe und rosa Färbung verwandelt sich in ein glänzendes Grün. An dem Stamme der Rosa de Montaña rankt sich eine Aroidee empor, eine in Waldbächen zwischen den Steinen wachsende Uferpflanze, und unter der oberen Blättergruppe hat sich eine Kletterpflanze festgesetzt. Die schlanke Cecropia sehen wir auf unserem Bilde in zwei Exemplaren, vorn, neben der grossblätterigen Heliconia Bihai, und hinter der Rosa de Montaña. Hier stellt sie sich als vollkommen entwickelter Baum dar und bildet einen Contrast gegen die auf einer kleinen Anhöhe stehende Bactris-Palmengruppe, deren junge geschlossene Blätter die dünnen Stämme unten fast ganz verhüllen und erst oben ihre einzelnen Fiederblätter theilen, um sich voll entwickelt der Krone anzufügen. Von den zahlreichen Orchideenarten, die in Venezuela vorhanden sind, macht sich vor allen die bekannte Flor de Mayo (Cattleya Mossiae) bemerkbar, deren grosse hellrosa-farbige, theilweise auch weisse Blumen oft so dicht beisammenstehen, dass kaum die Blätter zu sehen sind. Zuweilen bedecken sie ganze Theile des Stammes und des Astwerks. Im Thale von Caripe fand ich die unteren Aeste der Kaffeeschattenbäume beinahe ganz verhüllt von der Flor de Mayo. Gruppen von mehr als einem Meter Durchmesser hatten sich, besonders wo das Geäst beginnt, festgesetzt, was im Vereine mit den fast feuerrothen Blüthen der Buscares überraschend schön war. Auf unserem ferneren Zuge mochte noch so manche Orchideenart durch ihre Pracht, ihre grotesken, manchmal thierähnlichen Formen sowie auch durch ihren köstlichen Duft unsere Aufmerksamkeit erwecken, aber keine trat uns in einer solchen Massengruppe entgegen, wie Flor de Mayo. Einen auffallenden Gegensatz bilden die unter dem gestürzten, mit der erwähnten Orchidee belasteten Baumstamme, nahe dem Wasser emporwachsenden schlanken Strelitzien mit ihren gelbweissen Blüthen. Aehnlich den Heliconien, zeigen sie sich auf Marschboden oft in grossen Mengen. Im mannigfachen Pflanzengewirre klettert an den Stämmen — auf dem Gesammtbilde zumeist nicht bemerkbar — in herrlichen Gewinden die allbekannte Vanille empor; und auch hier sind die Lianen mit Orchideen, Bromelien und Tillandsien bewachsen. Welche Fülle von Moosen, Schwämmen, Lycopodien, kleinen Farren u. A. könnte unsere Herbarien füllen, wenn wir Musse zum Sammeln hätten! So bietet denn in malerischer Beziehung im ganzen tropischen Amerika der Tieflandwald mit geringen Ausnahmen dasselbe Gesammtbild; der Botaniker indess findet in den verschiedenen Breiten auch verschiedene Vertreter der Flora. Die Wälder unter dem südlichen Wendekreise, bei Rio de Janeiro zum Beispiel, machen mehr oder minder denselben Eindruck, wie die in den nördlichen Regionen des gewaltigen Continents, wie die am Delta des Orinoco, am südlichen Ufer des Sees von Maracaibo, auf der Ostseite der Landenge von Panama u. s. w. Ueberall sind die charakteristischen Cecropien vertreten; hingegen sah ich in Brasilien nicht die prachtvolle Riesenmusacee, die Heliconia Bihai, und die grossen, unter den vielen Luftpflanzen sich auszeichnenden Philodendren mit ihren weit ausgedehnten und vielfach durchlöcherten Blättern, Pflanzen, die im nördlichen Südamerika sich bedeutend entwickeln. Auf diesem Gebiete zeigen sich an manchen Stellen Gruppen, zuweilen sogar grosse Bestände baumartiger Gräser, verschiedene Bambusarten, von denen sich die riesige Guadua, als Vertreterin des indischen Riesenbambus, ganz besonders bemerkbar macht. Wir finden sie in der Nähe des Sees von Valencia, ebenso wie auf der Insel Trinidad. Im botanischen Garten zu Trinidad, der durch seine grossartige Sammlung tropischer Pflanzen berühmt ist, befanden sich zu beiden Seiten eines Weges zahlreiche Gruppen der Guadua, deren hoch aufgeschossene Stengel sich oben entgegen neigten und so mit ihrem reichen Blätterschmuck einen prachtvollen Triumphbogen bildeten. Besonders zu erwähnen ist auch der Zaman, zweifellos die schönste und grösste der Mimosen, deren reiche Abzweigungen und Verästelungen eine Kuppelform bilden; zuweilen könnte man glauben, einen Riesenpilz vor sich zu haben. Der Zaman de Guere, unweit des Sees von Valencia, schon von Alexander v. Humboldt als der grösste Baum Venezuelas geschildert, hat eine so riesige Krone, dass in ihrem Schatten tausend Mann stehen können. In neuerer Zeit jedoch stürzen die von den Schmarotzerpflanzen überwucherten Aeste immer häufiger faulend herab, so dass das nachfolgende Geschlecht kaum mehr als Reste dieses Gewaltigen wird bewundern können. In seinem Schatten hat schon so mancher Reisende Rast gehalten und so manche Kämpferschaar der hier sich oft befehdenden Parteien ihr Lager aufgeschlagen.

Von zahlreichen grossen Laubbäumen, dem harzreichen Tacamajaca, dem Sereipo, Myrospermum frutescens, dem Roble, verschiedenen Mahagoniarten u. a., hebt sich eine der schönsten Leguminosen, der Tolubalsambaum (Myroxylon toluiferum) — im Küstengebirge Estoraque genannt — höchst auffällig ab. Dieser merkwürdige, balsamduftende Baum scheint im Gebirge nicht hoch emporzusteigen, denn er ist gewöhnlich nur in mässiger Höhe zu finden. Seine Form, Blätter, Blüthen und Frucht lässt die nebenstehende Abbildung deutlich erkennen. In einer Höhe von etwa 20 m beginnen auf dem glatten, hellgrauen Stamme die emporstrebenden, vieltheiligen Aeste, eine leichte, durchsichtige Krone bildend, deren zarte Blätter schon von einem leisen Lufthauche ähnlich bewegt werden, wie die unserer Linden und Espen. Auffallend erschien mir, dass alle Estoraques, die mir zu Gesicht kamen, frei von Lianen und anderen Schmarotzern waren. Das wohlriechende Harz, welches einen heilsamen Balsam liefert, wird am Magdalenastrome, besonders bei Mompox, schon seit langer Zeit gesammelt. Es geschieht dies in sehr einfacher Weise, in derselben wie bei den Gummibäumen: Es werden in den Baum ziemlich tiefgehende Einschnitte gemacht, in welche man die Fruchtschale des Flaschenbaumes klemmt. Langsam — bei Myroxylon sogar sehr langsam — quillt das Harz heraus und sickert in die Schale. Ich hatte von einem englischen Freunde den Auftrag, über das Vorkommen des Myroxylon zu berichten und Blüthen und Früchte zu sammeln, was mir schon oberhalb des Thales von San Estéban möglich wurde. Es ist hierzu nöthig, die Bäume zu fällen. Unvergesslich wird mir der Eindruck bleiben, den ich empfing, als nach harter Arbeit mit der Axt der erste dieser stolzen Bäume sich knarrend neigte und endlich mit furchtbarem Krachen niederstürzte. In weitem Umkreise wurde der Wald mit balsamischem Dufte erfüllt. Unser Mühen fand indess seinen reichen Lohn, denn der Baum trug zugleich eine Fülle von Blüthen und völlig entwickelten Früchten, so dass ich viele Herbarien-Exemplare sammeln konnte. Zu Folge der gewaltigen Erschütterung waren zahlreiche Samenkörner abgefallen, die wir emsig auflasen. Daheim durchdufteten sie die ganze Behausung, ja sogar die Briefe, die ich damals nach England schickte, fielen dort durch ihren besonders angenehmen Geruch auf. In diese Region gehört auch der sogenannte nackte Indianer (Indio desnudo), der jedoch mehr an den Berghängen nahe der Küste vorkommt und durch seine braunrothe Farbe und fast blätterlose Krone sich besonders bemerkbar macht. Dasselbe gilt auch für den Jabillo (Sandbüchsenbaum) mit seinen dornigen, häufig vieltheiligen Stämmen; er kommt zumeist an den Wasserläufen vor. Während jedoch dem Balsambaume eine Heilkraft zugesprochen wird, wird von den Blättern und Samen des Jabillo behauptet, dass sie das Wasser, in welches sie fallen, vergiften, so dass der Mensch, der hiervon trinkt, fieberkrank werde. Unweit von Caño Negro, welchen wir in den nächsten Frühstunden verliessen, nahmen wir Abschied vom heissen Tieflande, denn nach wenigen Stunden mühevollen Marsches begann der Aufstieg. Wohlgemuth zogen wir auf dem steilen steinigen Pfade bergauf, und mit jedem Schritte, der uns von der sumpfigen Urwaldebene immer mehr entfernte, athmeten wir froher auf. Trotz des steilen und schauderhaft schlechten Weges, der in Schlangenwindungen sich erhebt, beschleunigten die Thiere ihren Marsch, als fühlten sie, dass das Ziel bald erreicht sein werde. Aus einer geringen Entfernung war das Rauschen des Rio Chama zu vernehmen, der zu unserer Linken der Ebene zueilte. Er entspringt am Páramo von Mucuchies und fliesst an unserem Zielpunkte Mérida vorüber, woher er uns Grüsse zu bringen schien. Bergauf, bergab, Grat um Grat auf dem immer schlechter und steiniger werdenden Wege erkletternd, erreichten wir endlich das Plateau, die Mesa de las Culebras, wo wir Rast hielten. Unter uns lag nun mit ihren

Tulubalsambaum
(Myroxylon toluiferum).

riesigen Wäldern, Schwaden empor sendenden Sümpfen, Flüssen und Lagunen die Ebene. Weit im Hintergrunde glänzte der Spiegel des Sees von Maracaibo und vor uns ragten die gewaltigen Bergmassen der Cordillera mit ihren dunkeln Wäldern, Schluchten und Thälern empor, die höchsten Gipfel in die Wolken reckend. Unter vielen von dem argen Wege geschaffenen Mühseligkeiten erreichten wir die auf der Mesa de las Culebras befindliche kleine Niederlassung Las palmitas, ein Plateau von 800—850 m Höhe. Hier verschmilzt schon so ziemlich warmes mit gemässigtem Klima — Tierra templada mit Tierra caliente. Verwöhnt durch den längeren Aufenthalt in den Niederungen, empfanden wir die hier schon´ beträchtlich kühlere Temperatur als Kälte. Wir mussten uns nachts, wo wir nur eine Wärme von 16—18° R. hatten, in unsere Decken hüllen. Behaglich ruhend liessen wir dann alle Ereignisse des zurückgelegten Weges Revue passiren.

Ich erwähnte bereits, dass in der heissen Region besonders zahlreiche Arten von Pflanzen und Thieren vorkommen, dass sie sich vermindern und durch andere ersetzt werden, je höher wir steigen. Besonders auffällig zeigt sich dies bei den Kolibris, die allein Amerika angehören. Kaum mag es einen Vogel geben, dessen Leben und Treiben anziehender wäre, als das des Kolibris. Das hier in Rede stehende Gebiet dient einer grossen Anzahl Kolibriarten zum Aufenthalt, es dürfte daher diese Stelle die beste Gelegenheit bieten, deren Leben ausführlicher zu schildern. Mehr als 400 Arten sind bisher schon bekannt, von denen eine geringe Anzahl auch ausserhalb der Tropengegenden vorkommen, in Nord- und Südamerika, von Canada bis zum Feuerlande. Ihre Verbreitung in den Tropen ist sowohl in senkrechter wie in horizontaler Richtung ähnlich. Oben auf den Höhen der Cordillera, bis zur Grenze des ewigen Schnees, leben nur wenige Arten, ihre Anzahl entspricht ungefähr der südlichen und nördlichen Verbreitungsgrenze. Der grösste Reichthum fällt auf das tropische Tiefland. An Zierlichkeit und Farbenpracht übertreffen die Kolibris alle anderen Vögel, und die Anordnung ihres Federschmuckes ist ungemein mannigfaltig, wie auch aus dem beigegebenen Bilde zu ersehen ist. Ungeachtet ihrer Kleinheit — es gibt Kolibris von nur 4 cm Länge — sind die meisten Arten zu Folge ihrer auffallenden Färbung auch im dichten Walde leichter erkennbar, als viele andere grössere Vögel. Bewegung und Lichtfall lassen das glänzende Gefieder dieser Vogelzwerge stets im neuen Wechsel der Farben erscheinen. Bei diesen ausgezeichneten Fliegern sind Schwingen, Füsse, Schwanz und Schnabel die charakteristischsten äusseren Zeichen. Letzterer ist höchst verschieden: pfriemenartig, sehr kurz, sehr lang, gerade, gekrümmt — wohl immer den Blüthenformen angepasst, aus deren Kelch sie ihre Nahrung, Insekten, entnehmen, wobei ihnen die sehr lange, fast fadenförmige Zunge unentbehrlich ist. Das Zungengerüst hat eine besondere Eigenthümlichkeit. Aehnlich wie beim Specht, reichen nämlich beide Zungenbeinhörner, rückwärts über den Kopf gelegt, bis zur Schnabelwurzel in der Stirngegend. Diese Hörner bilden im Vereine mit einem Paar bandförmiger Muskeln den Bewegungsapparat der Zunge, der es dadurch möglich wird, sich weit über den Schnabel hervorzustrecken. Ergänzt wird dieser wundervolle Apparat durch die hornig überkleidete Zungenspitze, auf der sich kleine, für das unbewaffnete Auge kaum sichtbare Zacken befinden, die das Festhalten der winzigen Insekten ermöglichen. Die Flügel sind durchwegs sehr kräftig ausgebildet und sind ihrer Form nach denen unserer Mauerschwalbe am ähnlichsten. Gewöhnlich sind sie im Verhältniss zum Körper sehr lang und geöffnet, d. h. im Fluge, sehr schmal, etwas gebogen, und die Handschwinge hat allgemein einen sehr starken Schaft, dessen äusserer Mitteltheil bei mehreren Arten eine bedeutende hornige Verdickung aufweist, die den Flügel noch gebogener als er wirklich ist, erscheinen lässt. Im Gegensatz zu den Flügeln und dem übrigen Körperbau sind die Beine auffallend klein, kurz und zierlich. Dem Kolibri

Kolibris.
(halbe natürliche Grösse)

Acestrura heliodori.
Cynanthus cyanurus.
Entoxeres aquila.
Lophornis ornatus.
Docimartes ensifer.
Topaza pella.
Steganura underwoodi.
Cephalolepis loddigesi

A. Goering. n. N.   Cordillerenpfad

ist es daher nicht möglich, auf den Zweigen herumzuklettern. Er sitzt vielmehr ruhig, wobei der untere Theil des Brustbeins sich auf dem Zweige stützt, was dem Vogel eine hockende Stellung verleiht. Die Füsse sind hierbei von den unteren Bauch- und Schenkelfedern fast ganz bedeckt. Gleich den Abendschwärmern summt er, ein lebender Brillant, vor den Blüthen, den Schnabel ruckweise in die Blüthenröhre versenkend. Ueberrascht, bezaubert bleibt unser Blick auf dem emsigen Thierchen haften. Plötzlich aber ist es auch schon mit Blitzesschnelle verschwunden, und verblüfft sehen wir nach der so unerwartet rasch verlassenen Stelle. Eine durch längere Beobachtung geschärfte Erfahrung vermag indess mit gespannter Aufmerksamkeit den auf seinem Fluge unsichtbar scheinenden Kolibri ganz gut zu sehen, ebenso lernt man sie gleichartig erscheinendes Summen und Zirpen unterscheiden und erkennt, dass der Unterschied von der Grösse des Vogels bedingt wird. Oft fliegt er nur in kurzen Abständen weiter, um da und dort an den Blüthen zu naschen. Zuweilen steigt er kerzengerade einige Meter hoch in die Luft, wo er sich rüttelt und schüttelt, so dass sein prächtiges Gefieder blitzend wie Edelsteine, sprühend wie Feuerfunken erscheint. Zu diesem übermüthigen Spiele gesellt sich häufig, gleichsam wie hingezaubert, ein anderer Kolibri, wo dann ein kurzer Kampf oder eine kleine Neckerei ausgetragen wird. Wir verhalten uns so ruhig wie möglich in der Erwartung neuer Scenen. Spähend schweift unser Blick über die duftige Blüthenmenge dahin. Da — auf einem dünnen entblätterten Zweige sitzt, prangend im Sonnenglanze, unser Liebling und macht Toilette, wobei seine hellblinkenden klugen Aeuglein nach allen Seiten auslugen. Ein Kamerad vertreibt ihn und bringt dann ebenfalls sein Federkleid in Ordnung. Vielleicht noch anziehender ist der Anblick eines Pärchens, das kosend und sich schnäbelnd selbander sitzt. Welches graziöse Bewegen von Kopf und Flügel! Und dieses dauernde leise Zirpen, als ob sie sich unendlich viel zu sagen hätten! Aber schon sind sie unseren Blicken entschwunden. Dieses traute Beisammensein wird zuweilen auch von neidischen Nebenbuhlern oder neckischen Kameraden gestört, die sich plötzlich auf das friedliche Pärchen stürzen. Diese Bürschlein übrigens, ebenso kühn wie klein, wagen sich auch in die Veranden und Salons der Häuser, angelockt von den aufgestellten Blumenbouquets. Dabei kommt es wohl vor, dass sich ähnliche Scenen abspielen, wie wir im Walde oder Garten beobachtet haben. Niemandem fällt es ein, den lieben kleinen Besucher zu verscheuchen, und selbst die Eingeborenen, die im Allgemeinen nur wenig Sinn für ihre schöne Natur haben, blicken wohlgefällig auf den Chupa flor, Blumensauger, wie der Kolibri in dem Amerika spanischer Zunge gewöhnlich genannt wird. Schmachvoll aber ist des gemeinen Profits wegen von Ausländern gegen diese Thiere gesündigt worden. Zu Tausenden wurden sie nebst anderen kleinen Schmuckvögeln geschossen, um als Zier der Damenhüte zu dienen. Ich selbst habe in der Nähe der Küste häufig gedungene farbige Menschen getroffen, die ausgeschickt wurden, alles Buntfarbige niederzuknallen. Oft habe ich es dann versucht, sie durch kräftige Drohungen in diesem Mordhandwerke zu stören. Mehr jedoch könnten unsere Damen für die gute Sache thun, wenn sie darauf verzichten wollten, diese prächtigen, aber durch schlechtes Ausstopfen zu hässlichen Caricaturen verzerrten Vögelchen auf ihre Hüte zu stecken.

Wie fast bei allen Vogelarten, weisen auch bei den Kolibris die Männchen eine lebhaftere Färbung auf, als die Weibchen; bei vielen besitzen sie überdies noch einen ganz besonderen Federschmuck, was auch unsere Abbildung erkennen lässt. Dem aufmerksamen Beobachter will es scheinen, als wären sich die Männchen ihrer Zier bewusst, was am deutlichsten bemerkbar ist, wenn man Gelegenheit hat, sie bei ihren Liebeswerbungen zu beobachten. Darwin schildert es in seinem Werke „Entstehung der Arten" mit folgenden Worten: „Dann entfaltet ein Männchen um das andere in der sorgfältigsten Weise sein prächtiges Gefieder. Sie stellen sich gleichsam theatralisch dem Weibchen zur Schau, das schliesslich den anziehendsten Bewerber wählt." Seine Flügel sind dabei in vibrirender Bewegung, die verhältnissmässig breiten Schwanzfedern öffnen sich fächerförmig, und der andere Federschmuck, wie Haube, Halsseitenfedern, heben und senken sich unter stetem Kopfnicken und anderen Körperbewegungen; sein Zirpsen nimmt kein Ende, als fände er nicht genug Töne, sein Empfinden auszudrücken.

Einen Kolibri gefangen zu halten, bietet ganz besondere Schwierigkeiten. Reisende haben sich schon viele Mühe gegeben, die prächtigen Thierchen lebend nach Europa zu bringen, und auch die Eingeborenen versuchen zuweilen, Junge aufzuziehen oder Ausgewachsene zu zähmen; aber hier wie dort ist nur sehr selten ein Erfolg zu verzeichnen. Die Zähmung bietet die grösste Schwierigkeit, obgleich die Vögelchen nicht scheu sind und, wie schon bemerkt wurde, in den mit Blumen geschmückten Veranden und Zimmern als leichtbeschwingte Gäste Einkehr halten. Bei der geringsten Störung jedoch suchen sie hastig zu entfliehen, und dabei geschieht es dann wohl, dass sie mit dem Köpfchen an die Wand stossen und betäubt niederfallen. Wohl ist es an Ort und Stelle leicht, häufig die Pflanzen zu wechseln und damit diesen

Vögelchen neuen Insektenvorrat zu bieten; indess sind sie einmal Luftthiere in des Wortes vollster Bedeutung und finden daher im engen Raume nicht die für ihre Organisation nöthige Flugbewegung. Gelingt es, einen Nestling aufzuziehen, so verhält sich die Sache allerdings günstiger. — Ich erinnere mich einer reizenden Episode aus Caracas. Eine junge, schöne Creolin hatte zwei noch im Neste befindliche, aber schon flügge Exemplare einer blaugrünen Art erhalten. Mit einer seltenen Geduld zog sie nun die Thierchen bis zur vollständigen Entwicklung des Körpers und des Gefieders gross. Anfangs ernährte sie die Jungen mit Honig und Papelon (Rohzucker von Zuckerrohr), die ihnen mit einer feinen Feder beigebracht wurden. Später umstellte sie das Nest mit verschiedenen Pflanzen, deren Blüthen sich nach einwärts neigten. Mit nicht geringer Freude konnte die junge Dame bald sehen, wie die Blüthen die Aufmerksamkeit ihrer Pfleglinge erregten, welche die Hälse reckten und mit den Schnäbeln die Kelche zu erreichen strebten. Das war immerhin schon ein Erfolg. Dann, als die Nestlinge Schwingenproben vornahmen, wurde die Pflanzengruppe weiter aus einander gerückt, frische Blumen wurden in die Ecken des Zimmers gestellt und die unverglasten Fensteröffnungen mit feiner Gaze bezogen. Bald flogen die Jungen im Zimmer umher, naschten da und dort von den Blüthen, kehrten aber immer wieder zu ihrem Neste zurück. Dabei waren sie so zahm, dass sie ganz ruhig blieben, wenn man nahe an sie herantrat. Uebrigens gelang es auch mir, Nestlinge bis zum Flüggewerden aufzuziehen, allein andere Arbeiten verhinderten mich, ihrer Pflege eine grössere Aufmerksamkeit zu widmen. Indess meine ich, dass sich die Kolibris lebend nach Europa bringen liessen, sofern dabei mit der nöthigen Sachkenntniss und Sorgfalt vorgegangen würde.

Die erfolgreichste Jagd auf diese bunten Vögelchen ist der Anstand, d. h. der Jäger stellt sich vor blühende Pflanzengruppen und schiesst sehr rasch darauf los, wenn ein Kolibri an den Blüthen rüttelt, oder wenn er sich für ein Weilchen auf einem Zweige niederlässt. — Recht interessant ist auch das Studium ihrer Nester, die ganz der Zierlichkeit der Baumeister entsprechen. Zuweilen sind sie so klein, kaum so gross als eine gewöhnliche Wallnussschaale — dass man sich wundern muss, wie sie ihrer Bestimmung dienen können. Gewöhnlich zeigen sie die Form eines Näpfchens, jedoch pflegen auch Bodenverhältnisse und Baumaterial hierauf ändernd einzuwirken. Ueberall sind diese Nester zu finden: im Urwalde, wie auf Culturgebiete, selbst in den Veranden und Stuben der Häuser, wo sie bisweilen sogar an den Haken der Hängematten kleben. Gewöhnlich aber findet man sie an dünnen, gabelförmigen Zweigen, an Lianen und an den Endspitzen verschiedener Blätter, manchmal auch nahe am Boden an steifen Grashalmen. Manchmal sind sie ganz aus Baumwolle hergestellt, und nur die oberen, äusseren Ränder sind mit kleinen Flechten oder Moosen geziert. Ausser diesen Materialien kommen noch mancherlei zarte Pflanzengebilde wie Farrenschuppen, feine Grashalme, haardünne Holzfasern dabei zur Verwendung. Die Kolibris vermögen diese so kunstvoll zu verweben, dass die Aussenseite des Nestes wie mit einem feinen regelmässigen Relief bedeckt erscheint. Einige dieser Vogelarten, die ihre Nester an die Endspitzen der Blätter bauen, umhüllen sie mit Moos, so dass sie sich kaum von ihrer Umgebung abheben, folglich auch nicht leicht zu entdecken sind. Das Innere der Nester ist gewöhnlich kreisrund und bei manchen ganz exakt hergestellt. Im tropischen Tieflande erstreckt sich die Brütezeit vom Oktober bis Januar. Die Kolibris legen zwei weisse, kugelförmige Eier, die etwa einen Centimeter Durchmesser haben — etwas mehr bei grösseren, etwas weniger bei kleinen Arten. Nach ungefähr fünfzehn Tagen schlüpfen gewöhnlich die nackten, blinden Jungen aus der Schaale. Bald erhalten sie das Augenlicht und ihr Flaumenkleid, welches bis zur Zeit des Flüggewerdens in der Regel die Färbung des mütterlichen Gefieders aufweist.

Noch so manches Thier lenkt unsere Aufmerksamkeit im hohen Grade auf sich; viele vermögen wir allerdings erst während eines längeren Aufenthalts zu beobachten, sie kommen nur zufällig bei einem Streifzuge in Sicht. Vor Allem sind es die Papageien, die wir an allerorts vorfinden. Von den bisher bekannten 150 Arten, die in Amerika heimisch sind und die fast alle dem Tropengebiete angehören, dürfte ein sehr grosser Theil auf Venezuela kommen. So können wir mit Sicherheit annehmen, dass mehr als 50 Arten die Strecke vom heissen Tieflande bis zur oberen Waldgrenze der Cordilleren bewohnen, und viele mögen noch unbekannt in den nur wenig durchforschten Gegenden des südöstlichen Venezuelas sich finden, dessen Fauna mehr der Brasiliens ähnlich ist. Wenn die Papageien ungestört vereint in den Baumkronen ihre Nahrung suchen, so scheinen sie miteinander in steter Unterhaltung zu sein; denn unaufhörlich wird ihr Knurren und Gurren laut, untermischt mit dem lauten Kreischen der in Streit Gerathenen. Wenn sie dann plötzlich abfliegen, erfüllt die Luft ihr gellendes Geschrei. Sie leben in strenger Monogamie und bauen gewöhnlich ihre kunstlosen Nester in Baumlöcher. Die Weibchen legen zwei weisse Eier. Bemerkt sei auch, dass in Argentinien, weit ausserhalb des Tropengebiets, besonders südlich von Mendoza, wo jeder höhere Baumwuchs fehlt, ein wirklicher Höhlenbewohner sein Heim hat. An den steilen Uferböschungen des Rio Tunuyan giebt es viele Tausende von Felsensittigen (Conurus patagonicus), die dort vereint ihre Höhlenwohnungen bezogen haben. Das Fleisch der Papageien ist wohl etwas zähe, giebt jedoch eine schmackhafte Brühe, was wir wiederholt zu erproben Gelegenheit hatten.

Ausser den bereits erwähnten Katzenthieren — Jaguar und Pumalöwe — sind noch mehrere kleinere Arten vorhanden: Felis mitis, F. tigrina, F. yaguarundi, F. macrura u. A., welche in der Verborgenheit der Wälder ihre Raubgier befriedigen. Der Zorro (Canis Azarae), der einheimische Fuchs, ist, verglichen mit unserem Meister Reineke, ein dreister Tropf. In den cultivirten Gegenden sucht er die Höfe der Plantagen auf, und man kann ihn oft auf den Wegen sehen, wo er ruhig steht und den Vorüberreitenden anstiert. Von allen diesen Räubern jedoch scheint das Stinkthier, der Mapurito (Mephitis suffocans), das mehr offene und trockene Stellen liebt, mit der gefährlichsten Waffe ausgerüstet zu sein.

Anstieg mit Hindernissen.

Gereizt nämlich, spritzt es eine Flüssigkeit aus, die Absonderung zweier Drüsen, die einen unerträglichen Geruch verbreiten, welcher jeden, der eine Nase hat, zur weiten Flucht nöthigt. Mehr als einmal konnte ich beobachten, wie die auf den Höfen der Plantagen angeketteten Hunde die Köpfe hoch reckten und ein jämmerliches Heulen vernehmen liessen, wenn in der Nähe der Mapurito seinen höllischen Gestank zu verspüren gab. Unserem Eichhörnchen gleich, springt in possierlicher Weise die Ardita (Sciurus aestuans) von Baum zu Baum, während hie und da der Perrito de agua (Chironectes variegatus), eins der weniger in Amerika vorkommenden Beutelthiere, vorsichtig aus dem Wasser des Waldbaches emportaucht, um rasch wieder zu verschwinden. Unheimlich schleicht in den Dämmerstunden Beute suchend der Procyon cancrivorus daher, ein fuchsähnliches, jedoch der Bärenfamilie angehöriges Thier. Kann er keine thierische Nahrung erlangen, so begnügt er sich auch mit Pflanzenkost. Da und dort können wir auch den Nasenbär oder Coati (Nasua socialis) in kleinen Gruppen bei seinen Kletterübungen betrachten. Er zeigt dabei eine grosse Geschicklichkeit und benutzt auch, ähnlich dem Wickelbären, seinen Schwanz, der fast so lang ist, wie sein Körper.

So schwer es mir auch wurde, diesen für meine Zwecke so trefflich geeigneten Ort zu verlassen — es musste sein! Befriedigt zog ich von Las palmitas fort, und fröhlich ging es nun vorwärts, trotz des entsetzlichen Weges. Der lehmige Boden erschwerte uns sehr den Marsch. Die Thiere rutschten beständig aus, dazu kam noch ein heftiges Gewitter, und als wir mit ungeheuren Anstrengungen einen engen, steinigen Aufstieg genommen hatten, befanden wir uns zu unserem Schrecken einem Lastochsen gegenüber. Im Donnerhall und Regenrauschen war uns der laute Warnungsruf des Treibers verloren gegangen. Mit Mühe und vorsichtig nahmen wir unseren Mulas die Traglasten ab, und nachdem diese zwischen Baumstämmen geborgen waren, galt es nun noch Schwierigeres zu überwinden: die Maulthiere an der rechten Seite des steilen Abhangs emporzuziehen, wobei ich befürchten musste, dass jeden Augenblick ein Sturz in die steile Tiefe zur Linken erfolgen konnte, was ich früher schon in der Provinz Cumaná zu erfahren Gelegenheit hatte. Unsere wackeren Thiere jedoch liessen, als ob sie die Gefahr erkannten, Alles geduldig über sich ergehen. Endlich, nach harter Arbeit, bei triefendem Regen, war der Weg frei, der Lastochse, der sich indess ruhig verhalten hatte, konnte seinen langsamen Trab nach Las palmitas fortsetzen, und wir beluden wieder unsere Maulthiere.

Campanéro, Glockenvogel.

Post nubila Phoebus! Das Sprüchlein sollte sich auch hier bewähren. Bald schien die Sonne hell; doch obgleich das Wasser von dem steinigen Pfade rasch ablief, boten Schlamm und Nässe unserem Wege noch genug Schwierigkeiten, zumal wir selbst völlig durchnässt und über und über mit Kot bespritzt waren. Als die ersten Sonnenstrahlen durch das schwere Gewölk brachen, prangte der grossartige Hochwald in voller Pracht, und die mannigfaltig geformten Baumkronen bewegten sich lebhaft in dem kräftigen Winde, besonders die der Cecropien mit ihren grossen Blättern, deren silberglänzende Unterseiten sich auf Momente lebhaft abhoben von dem ernsten Dunkelgrün ihrer Umgebung. Bald begrüssten auch die Vögel die eingetretene Ruhe und den Sonnenschein, der sie aus ihren Schlupfwinkeln hervorlockte. Wie heller Ambosklang ertönte der Ruf des Herréro (Chasmorhynchus variegatus) — des Schmieds, wie ihn die Eingeborenen nennen — durch den Wald, und aus den fernen Schluchten und Thälern hallte das Echo seiner lauten Stimme wieder. Noch bedeutender ist der Eindruck, welchen der Campanéro (Chasmorhynchus niveus), der Glöckner, ebenfalls ein Vogel Venezuela's, mit seinem sonoren Ruf hervorzubringen vermag. Einem Ton, der gleichfalls dem Ambosschlage ähnlich ist, folgt ein gezogenes „Baum", das langsam verhallt und dem Glockenklange so ähnlich ist, dass man glauben könnte, ein im Waldesdunkel verborgenes Kirchlein lade die Gläubigen zum Gottesdienste ein. Beide Vögel ähneln einander. Sie sind von der Grösse einer Dohle, jedoch ist, was unsere Vignette zeigt, das Gefieder des Campanéro rein weiss, während der Herréro schwarze Flügel, einen braunen Kopf und eine nackte, mit kleinen Hautlappen besetzte Kehle aufweist. Beide Arten kommen in den Wäldern von Catuaro und Caripe vor, weiter gegen Westen hin habe ich aber den Glöckner nicht angetroffen. Aus dem lauten Concerte der zahlreichen Vogelstimmen klingt auch das emsige Hämmern und Pochen der verschiedenen Spechtarten heraus — Carpindéros, Zimmerleute, werden sie recht charakteristisch von den Eingeborenen genannt — ferner das Pfeifen der zahlreichen Cicadenarten, das zuweilen an den schrillen Pfiff einer Lokomotive erinnert.

Unsere Freude über den hellen Sonnenschein sollte nicht lange währen. Der Himmel trübte sich wieder, und ein sachter, anhaltender Regen ging nieder, der die Aussicht beengte. Manche lange und steile Wegstrecke hatte nur einen lehmigen Boden, es fehlte gänzlich an Steinen, zwischen welchen die Lastthiere festen Fuss hätten fassen können. Dadurch gleiten sie häufig aus und die Vorsicht gebietet, sie möglichst weit auseinander zu halten. Ein Zurückgleiten des Leitthieres kann für den ganzen Zug verhängnissvoll werden, wenn es in die Tiefe abstürzt. Trotz aller angewandten Sorgfalt sollte uns wenigstens der Schreck nicht erspart bleiben; denn plötzlich erscholl der Ruf des Vordermanns: „Se vá la mula!" — das Maulthier weicht! Das arme, ziemlich schwer belastete Thier hatte einen steilen Lehmhang nicht nehmen können und war ausgeglitten, ohne jedoch auf das Hinterthier zu stossen; es stürzte vielmehr den Abhang zur Linken hinab. Als ich zur Stelle eilte, sah ich das arme Geschöpf etwa fünfzehn Meter tief

Cacao.

zwischen zwei Baumstämmen hängen. Wieder eine schwere Arbeit! Glücklicherweise war hier der Abhang nicht allzu steil, das Rettungswerk gelang, und das Thier hatte nur einige leichte Hautabschürfungen erlitten.

Unsere Befürchtung, wir möchten in Folge der zeitraubenden Arbeit genöthigt sein, im Freien zu übernachten, war grundlos: wir erreichten die Niederlassung La Tala, wo wir uns von den Mühseligkeiten erholen konnten. La Tala liegt etwa 900 Meter über dem Meere, und viel höher ist hier der ganze Uebergang über die Cordillere nicht. Dennoch wird er weniger benutzt, als die höheren Pässe über die Páramos, die wir später kennen lernen werden, weil er zu den schlechtesten gehört. Von hier aus senkt sich der Weg allmählich, was wir an der höheren Temperatur merken. In Mucuties, das nur ungefähr 500 Meter hoch liegt, aber ziemlich von Bergen umschlossen ist, war die Hitze wieder recht empfindlich. Hier, bei einer grossen Plantage stossen wir auf den Camino real, die Hauptstrasse, die von Venezuela nach Columbien führt. Auch hier ist der Pflanzenwuchs grossartig; er erstreckt sich fast bis nach Los Estanques, einer gross angelegten Cacaoplantage am Rio Chama. Estanques liegt noch etwas niedriger als Mucuties, die Temperatur ist recht heiss und feucht, so dass hier alle Vorbedingungen für das Gedeihen einer solchen Anpflanzung vorhanden sind. Im Innern von Càrúpano, wie bei Puerto Cabello, hatte ich schon Gelegenheit, über den üppigen Wuchs des Cacaobaumes in Staunen zu gerathen, und hier bot sie sich wieder. Wie die beigegebene Illustration zeigt, befinden sich die Blüthen und Früchte nicht nur an den Zweigen, sondern auch direct an den Aesten und Stämmen der Bäume, sogar an den freiliegenden Wurzeln. Es dürfte kaum eine Pflanze geben, die den Cacaobaum an Fruchtbarkeit übertrifft. Der Cacao von Los Estanques wird sehr geschätzt und dem Auslande über Maracaibo zugeführt. Gerne gönnten wir uns hier einen Tag Rast, zumal wir herzliche Gastfreundschaft und alle Bequemlichkeit fanden. Auf der Mittagstafel stand ein Sancoche von Huhn, ein in Venezuela allgemein beliebtes Gericht, ähnlich dem Leipziger „Allerlei“, nur dass dort als Gemüse Bananen, junge Maiskolben, Kürbis und verschiedene Knollengewächse dienen. — Bis Mucuties nahmen wir eine südliche Richtung; auf dem Camino real aber bogen wir südwestlich ab, also unmittelbar gegen Mérida. Bald nachdem wir am nächsten Morgen Los Estanques verlassen hatten, änderte sich die Scenerie des Weges, der uns entlang dem Ufer des entgegenströmenden Rio Chama führte. Es bietet eine ganz besondere Ueberraschung, im Herzen des Landes, im Cordillerenthale eine ähnliche Flora zu finden, wie sie hinter den Mangroven, an der Küste, vorhanden ist. Statt der Gebirgspflanzen, die wir bisher durchzogen hatten, sehen wir Cactus- und Mimosenhecken. Auch die weitere Umgebung wird nun einförmiger. Am Ufer des Rio Chama befinden sich allerdings hier und da einige kleine Culturplantagen, der gebirgige Theil jedoch, der immer höher emporstrebt, ist grösstentheils ganz kahl. Bisher zeigte sich der Weg verhältnissmässig gut; meine Leute sprachen aber mit Bangen von den im ganzen Lande berüchtigten Ladéras de San Pablo, die wir noch an demselben Tage durchziehen müssten. Schon in Los Estanques wurde uns mitgetheilt, dass die Ladéras „mui malas“ (sehr schlecht) seien, denn der schmale Felspfad sei vom Regen zerklüftet worden und stellenweise auch mit Gerölle bedeckt. Ein Arriéro (Viehtreiber), der uns unterwegs begegnete, schilderte uns ebenfalls die Ladéras als ganz entsetzlich; er verlor dort einen Lasteel, der in der Tiefe verschwand.

Etwa fünf Kilometer von Los Estanques entfernt, bietet sich dem Auge ein neues Landschaftsbild dar, dessen steriler Charakter noch erhöht wird durch die steilen Bergmassen an der südlichen Seite des breiten Rio Chama. Hier stürzt sich in ihn durch eine enge Schlucht der Rio San Pablo und zwischen beiden Flüssen erhebt sich der steile, gefährliche Anstieg zu den gefürchteten Ladéras. Mitfolgendes, nach der Natur entworfenes Bild, macht dessen nähere Beschreibung überflüssig. Die Brücke über den San Pablofluss war ungangbar, wir mussten daher das ziemlich angeschwollene Bergwasser durchwaten. Es war das ein gewagtes Unternehmen, es gelang jedoch, und wir erreichten ohne jeden Unfall das jenseitige Ufer. Von unten betrachtet, scheint der steinige Pfad senkrecht empor zu führen. Auf einer bedeutenden Höhe ist ein schmaler Grat zu passieren, wo ein Reitthier kaum den nöthigen Raum findet. Auf beiden Seiten senken sich die verwitterten Felswände jäh in die Tiefe, so dass man wähnt, über eine schwebende Brücke zu gehen. Zur Rechten braust tief unten der San Pablo, und links brechen sich an dem Felsen die Wellen des Chama, schäumend, brausend, was das Entsetzliche des Weges noch entsetzlicher macht.

Wir zogen es vor, auch diese gefährliche Stelle zu Fuss zu überschreiten. Von hier ab führt der Weg in Schlangenwindungen noch höher hinauf, dann mit abwechselnden Senkungen und Hebungen etwa sechs Kilometer der steilen Felswand entlang, stellenweise so schmal, dass die Thiere nur mit knapper Noth festen Fuss fassen können. Von den Giessbächen herabgebrachtes Geröll macht sich ebenfalls als Weghinderniss geltend, und überdies ist man in dieser schwindelnden Höhe einer Sonnengluth ausgesetzt, deren

Las Ladéras de San Pablo.

Kraft die kahle Bergwand verdoppelt zurückstrahlt. So manche schlechte Wege habe ich in den verschiedenen Ländern Südamerikas kennen gelernt, aber keiner bot so viel Schauerliches, wie die Ladéras de San Pablo! In jüngster Zeit sind sie, wie mir mitgetheilt wurde, durch vorgenommene Sprengungen verbessert worden. Vor Beginn des Aufstiegs riefen meine Begleiter ihre Schutzpatrone an, und als die Strecke überwunden war, meinten sie lachend: „Las Ladéras pasado, el Sánto olvidádo" (Die Ladéras passiert, der Heilige vergessen). Am Ende der Ladéras befindet sich eine kleine Niederlassung und in deren Nähe, dort wo der Chama durch eine enge Schlucht strömt, der „Puente nacional", eine recht schwankende Brücke, deren Tragfähigkeit wir vorerst erprobten, indem wir ein Maulthier vorausschickten. Wie es heisst, ist sie jetzt durch eine eiserne ersetzt worden. Auf dem jenseitigen Ufer steigt der Weg in Windungen zu einer Anhöhe empor, von der aus ich einen wundervollen Ausblick auf das breite Chamathal genoss. Im Hintergrunde erblickte ich zum ersten Male klar und deutlich die Hauptgipfel der Sierra Nevada. Ringsum Alles öde und unheimlich still. Selbst das Thierleben ist nur spärlich vorhanden; wir sehen höchstens einige kleine, graue Vögel, die durch das Gezweig der Mimosen hüpfen, oder buntfarbige, zuweilen recht grosse Eidechsen, die über den Weg laufen. Trotz der drückenden Hitze trieben wir unsere Thiere an, um recht bald das nahe Städtchen Lagunillas zu erreichen.

Nach einem mühseligen Ritte erblickten wir plötzlich, einen sehr hohen Bergrücken überschreitend, den Flecken Lagunillas, eine saftig grüne Oase inmitten dieser vegetationsarmen Gebirgslandschaft. Vor dem Orte lag — eine seltene Erscheinung in den Cordilleren — ein kleiner See, die Laguna de Uráo, und im fernen Hintergrunde bilden die Hauptgipfel der Sierra Nevada einen entsprechenden Abschluss des schönen Bildes Die Laguna, nach unseren Begriffen ein seichter Weiher, birgt auf ihrem Grunde ein seltenes Mineral, Trona oder Uráo genannt, ein Natronsalz, das früher von den Indianern durch Tauchen und mittelst der Fruchtschalen des Flaschenbaumes zu Tage gefördert wurde. In letzterer Zeit soll eine hydraulische Maschine, modernen Anforderungen entsprechend, die Arbeit übernommen haben. Die Eingeborenen benützen den Uráo zur Cigarrenfabrikation, indem sie die Beize damit versetzen. Die Cigarren sind dann mit einer Art braunen Salbe überzogen, die jedoch beim Rauchen sehr unangenehm abfärbt. Syrupähnlich verdickt heisst diese Salbe Chimó, den die Eingeborenen in Horn- oder Blechdosen stets mit sich führen und an Stelle des Kautabakes benutzen. Nahe der Ortschaft ist die Laguna von Wiesen, Zucker-

Lagunillas mit der Laguna de Uráo.

rohr und Maisfeldern umgeben, zwischen denen die herrlichen Weinpalmen ihre Kronen wiegen; besonders in der Nähe der noch aus der spanischen Herrschaft herrührenden Kirche, deren Thürme auf unserem Bilde sichtbar sind, befinden sie sich in malerischen Gruppen vereint. Im weitern Umkreise ist der Boden schlammig, worauf hier und da das krystallisirte Salz weissglänzende Flecken bildet, die von den Hausthieren gern aufgesucht werden, um daran zu lecken!

Die Laguna ist von verschiedenen Wasser- und Sumpfvögeln belebt. Zeitweise stellen sich Gäste ein, die der Zug vom Zuliatieflande über die Cordilleren nach den Llanos oder von da zurück, am See vorbeiführt. Ich bemerkte kleine, weisse Silberreiher, Strandläufer, auch den charakteristischen Gallito, und schoss eine Schnepfenart, die auch in Brasilien vorkommt: Gallinogo frenata. — Hier liess ich meine Thiere zurück, um zu Fuss einen Ausflug nach dem elf Kilometer nördlich entfernten Jaji zu machen, einem Ort, der einige Kilometer höher liegt, als der Uráosee (1100 m). In seiner Nähe befinden sich gewaltige Felsschluchten, die von dem Rio Capáz durchrauscht, von dem flüchtig bereits erwähnten Fettvogel, dem Guácharo, bewohnt werden, hauptsächlich dort, wo eine natürliche Brücke über den Fluss führt. Es gelang uns hier, einen neuen Wohnplatz dieses sehr merkwürdigen Vogels zu erkunden. Wir kletterten vor Allem über den kahlen Höhenzug links von Lagunillas und gelangten oben bald in eine prächtige Bergwaldung. Der Weg war ziemlich gut, ich konnte dabei meinem Sammeleifer genügen und hatte das Glück, den schönsten der hier vorkommenden Vögel, den Felsenhahn (Rupicola peruviana), zu schiessen. Sein Gefieder ist grell hellroth, wovon die Flügel fast ganz schwarz abstechen, während die Henne ein schlichtes braunes Kleid trägt.

In Jaji, einem elenden Neste, das wie aufgeklebt auf einem breiten Felsrücken liegt, erregte das plötzliche Erscheinen eines Fremden keine geringe Aufregung. Es währte nicht lange, bis sich alle Bewohner des Oertchens um mich versammelt hatten. Die erste Frage der Frauen war, ob ich Zwirn, Spiegel und Perlen mitgebracht habe. Sie hielten mich für einen wandernden Händler; denn dass ein Mensch in anderer Absicht das Land durchstreife, war ihnen ebenso unfassbar, wie allen andern Bewohnern des Innern. Meine Bemerkung, dass ich nur einige Sachen für Geschenke mit mir führe, und dass meine Reise nur den Zweck habe, Vögel zu schiessen, Insekten zu fangen und zu malen, schien in ihnen die Vermuthung zu erregen, sie hätten es da mit einem „Locco" (Narren) zu thun. Es war nicht das erste Mal, dass mir dergleichen begegnete, und ich machte auch gar keine Anstrengungen, ihnen eine günstigere Meinung von mir beizubringen. Vor Allem bemühte ich mich, einen Führer nach dem Puente natural de Capáz, der natürlichen Brücke, zu finden. Bei der Trägheit und Gleichgiltigkeit dieser Leut-

chen ist das keine leichte Sache. Nach langem Hin- und Herreden verstand sich endlich einer der braunen Burschen dazu, indess war er völlig betrunken. Ich hatte keineswegs Lust, seine Ernüchterung abzuwarten, und so blieb mir denn nichts anderes übrig, als ohne Führer den Marsch anzutreten. Der Wegschilderung eines alten Indios folgend, zogen wir nun dahin, bergauf, bergab, zum Theil auf halsbrecherischen Pfaden, aber stets im Schatten des herrlichen Waldes. Wir erreichten die Brücke. Um die Skizze aufzunehmen, welche der beigegebenen Zeichnung zu Grunde liegt, musste ich an einem fast senk-

Natürliche Brücke von Capáz.

rechten, aber doch bewachsenen Abhange hinabklettern. Hier fand ich an einem der massigen Rollsteine, die im Flussbette liegen, einen Ausblick durch den Felsendurchbruch. Unser Bild giebt eine deutliche Darstellung dieser Stelle, so dass ich nur hinzuzufügen brauche, dass sich aus irgend einer Ursache, Auswaschung, Erdbeben oder dergl., ein riesiger Felsblock gelöst hatte, der, zu umfangreich, um in die Schlucht hinabzustürzen, sich oben festgeklemmt hatte, so dass die Eingeborenen nur einige Stangen darüber zu legen brauchten, die sie mit Baumzweigen und Erde bedeckten, um auf dieser natürlichen Brücke eine glatte Bahn zu schaffen. Unter dem Puente natural und etwas weiter noch, dort wo die Schlucht sich verengt, haust der Guácharo, der jedoch als Nachtvogel tagüber sich niemals blicken lässt. — In den Höhlen von Caripe und Terezen hatte ich oft Gelegenheit dieses merkwürdige Thier zu beobachten. Sie leben da zu vielen Tausenden und ziehen nur in der Dämmerung hinaus, um während der Nacht ihre Nahrung zu suchen, die, entgegen der Gewohnheit der meisten anderen Vögel aus ihrer Familie, aus Früchten besteht. Ein unheimliches Concert das, welches alle andern Thierstimmen übertönt.

Eingang in die Cuéva del Guácharo.

Cuárto precióso.

Ruinen des Conventes und der Kirche in Caripe.

Ausblick aus der Cuéva pequeña.

Guácharo.

Humboldt war es, der diesen Vogel zuerst bekannt machte, und lange Zeit galt die grosse Höhle von Caripe als sein einziger Wohnplatz. Später wurde er auch in einer Schlucht in Columbien und an der Nordküste von Trinidad entdeckt. Mir gelang es im Nordosten von Venezuela, in den Montañas von Terezen noch mehrere von diesem Thiere bewohnte grosse Höhlen, die ich mit den Chaymas-Indianern von Caripe aufsuchte, ausfindig zu machen. Später konnte ich das Vorhandensein des Fettvogels auch noch bei Carácas feststellen, im Confumidero des Rio Gaire, wo er aber nicht in so grosser Zahl vorkommt, wie an dem vorerwähnten Orte. Er ist von der Grösse einer Elster und sein Gefieder braun, mit schwarzen und weissen Flecken. Die Weibchen legen zwei weisse Eier und brüten, zu grossen Mengen vereint, in den Felsenritzen der nachtdunkeln, unterirdischen Höhlen. Die Nester sind kunstlos aus Pflanzentheilen und Schlamm errichtet. Die Nestlinge sind förmliche Fettklumpen, die eine vortreffliche, von den Eingeborenen gern gegessene Brühe geben. Unsere Vignette zeigt die Eingänge zu den bedeutendsten Höhlen und den „Cuárto precióso in Siléncio", so genannt seiner Schönheit und seiner Ruhe wegen, weil bis in diesen tief im Berge liegenden Theil der grössten Höhle bei Caripe keine Guácharos vorgedrungen sind. Wenn man bei Fackelschein den von Guácharos bewohnten Raum betritt, so werden sie rebellisch und flattern gespensterhaft unter der riesigen Deckenwölbung hin und her, mit einem Geschreie, dass man sein eignes Wort nicht vernehmen kann. —

Ich hatte kaum die Skizze des Puente natural vollendet, als mein Begleiter, der von oben einen weiteren Ausblick hatte, plötzlich den Warnruf laut werden liess: „El rio viene!" (Der Fluss kommt!) Ich verstand die grosse Bedeutung dieser wenigen Worte, und Pinsel und Bleistift im Stich lassend, kletterte ich rasch an dem bewachsenen, steilen Ufer empor. Einige Minuten später wälzten sich gewaltige Wassermengen herbei und überflutheten die Felsblöcke in einer Höhe von mehr als drei Meter. Oben auf dem Páramo de los Conéjos, woher der Rio Capáz kommt, musste ein Wolkenbruch niedergegangen sein. Wiederholt hatte ich schon in Gebirgsgegenden das rapide Steigen des Wassers beobachtet, aber so plötzlich sah ich es bis dahin noch nicht kommen. Es bot einen wild-schönen Anblick, wie der Wasserschwall unter der Brücke sich zusammendrängte, wie die schäumenden, brausenden Wogen Baumstämme und Steine mit sich führten, welche mit furchtbarer Gewalt an die steilen Felswände prallten, um dann in dem tiefen Dunkel der Schlucht fortgerissen zu werden. Bald aber verrauschten die Wasser und ein ganz anderes Bild bot sich dem Auge, ein Bild der Zerstörung.

In der Nähe des Capáz gelangten wir zu einer kleinen Niederlassung, deren Bewohner bei unserem Nahen eiligst die Hütte verliessen und in den Wald flohen. Erst nach unserem wiederholten

Mulatte   Mestiza.

Zünpa.

Indianer-Grab am Orinoco-Delta.

Guajiros-Indianer

Inneres einer Indianerhütte am Rio-Capás

Rufen: „Somos amigos!", kehrte ein alter Indianer, das Haupt der Familie, zurück, und allmählich auch die anderen. Es waren reinblütige Indianer, Nachkommen der ursprünglichen Bewohner dieses Gebietes. Der Alte meinte, sie hätten in ihrer Abgeschiedenheit noch nie einen Weissen zu Gesicht bekommen und bei unserem Nahen gewähnt, wir seien Soldaten, ausgeschickt, die waffenfähigen Männer einzufangen. Thatsächlich traten auch die Söhne als die letzten an uns heran. Als Indianer waren diese Leute ziemlich hübsch; die Mädchen wiesen sogar eine gewisse Anmuth auf. Bald war ich mit ihnen befreundet, gab ihnen kleine Geschenke, worüber sie sich sehr freuten, besonders über die kleinen Spiegel. Aehnlich den Chaymas, waren auch sie vorwiegend von gedrungener, jedoch wohlproportionirter Gestalt, und etwas dunkler gefärbt, als die Bewohner des Caripethales im Nordosten von Venezuela. Sie sehen einander häufig zum Verwechseln ähnlich. So habe ich besonders bei den Chaymas junge Leute getroffen, die im ersten Augenblick von ihren Vätern kaum zu unterscheiden waren.

Der Verkehr mit den spanisch sprechenden Indianern ist dem mit anderen Bewohnern, die mit Negerblut gemischt sind, entschieden vorzuziehen; und ich war während meiner Reise stets bemüht, erstere als Begleiter aufzunehmen. Auf den heissen Küstenstrichen ist es allerdings recht schwer, reinblütige Leute zu finden; denn hier herrschen die Schwarzen als Arbeiter, Schiffer, Viehtreiber und Händler vor, seltener jedoch als Handwerker. Je tiefer wir aber in das Innere des Landes dringen, je seltener werden auch die Schwarzen, deren es in den Cordilleren-Provinzen nur wenige geben mag. Die Chaymas, mit denen ich im schönen Hochthale von Caripe drei Monate zusammenlebte, haben sich, trotzdem sie schon vor langer Zeit das Christenthum angenommen haben, so ziemlich rein erhalten, und sie sprechen unter sich oft auch ihre Stammessprache. Wenig an den Verkehr mit Fremden gewöhnt — denn Caripe liegt ziemlich abseits der allgemeinen Verkehrsstrasse — zeigten sie sich etwas zurückhaltend. Und obgleich seit meinem Dortsein Jahre vergangen sind, scheinen sich in dieser Beziehung die Verhältnisse nicht geändert zu haben, wie ich auch aus den Mittheilungen meines Freundes Professor Sievers entnehmen konnte, der jüngst erst kurze Zeit dort verweilte. In der Ortschaft Caripe selbst wohnen verhältnissmässig nur wenige Familien; denn die meisten leben zerstreut in der Montaña, wo sie in kleinen Conucos Kaffee, Bohnen, Yuca u. A. anbauen. Jeden Sonnabend werden die Männer durch Trommelschlag herbeigerufen, um eine Wegsäuberung vorzunehmen. Gewöhnlich aber ist dann Alles schon um die Mittagszeit vollkommen betrunken; denn es wird dem Rum sehr fleissig zugesprochen. Zur Zeit Humboldts war Caripe eine spanische Mission. Die

Ruinen der Kirche und des Convents — in diesem hatten Humboldt und Bonpland gewohnt –– deuten jetzt noch auf einen gewissen religiösen Glanz hin, der hier geherrscht haben musste. Neben diesen Resten vergangener Macht steht heute eine einfache Hütte als Kirche und daneben ein galgenartiges Gerüst, an dem die einst von den spanischen Pádres dahingebrachten Glocken hängen. Von Pflanzen überwuchert und den Blicken fast völlig entzogen, befinden sich im ganzen Lande zerstreut noch viele Erinnerungszeichen der früheren spanischen Herrschaft. Auch in der Kirche und in den Hütten von Caripe sind noch so manche ruinirte Heiligenbilder zu finden. Als die Leute sahen, dass ich den Convent malte, trat der Juéz (Ortsrichter) Felipe Caripe auf mich zu und bat mich, die Heiligenbilder auszubessern. Um Gelegenheit zu haben, mit den Leuten vertraut zu werden, sagte ich zu, worauf dann ein Mann zu Esel nach der Küste geschickt wurde, um von Carúpano das nöthige Material herbeizuschaffen. Nach acht Tagen kehrte er zurück und brachte Alles, bis auf den nöthigen Spiritus; den hatte er wegüber ausgetrunken. Meine Auslagen wurden durch Ausschreibung gedeckt, d. h. jede Familie musste einen ihren Verhältnissen entsprechenden Beitrag geben, der jedoch in Cultur- und Naturprodukten erfolgte, so dass sich bei mir bald ein grosser Vorrath ansammelte, den ich an einen Händler verkaufte. Durch derartige kleine Gefälligkeiten kann man sich die Leute leicht dienstbar machen; schon im Innern von Argentinien und Uruguay hatte ich auf diese Weise Manches erreicht und mich mit den Bewohnern befreundet. Wochenlang habe ich mit mehreren Chaymas in den grossartigen Gebirgswäldern von Terezen südöstlich von Caripe zugebracht, und nur mit ihrem Beistande gelang es mir, die neuen grossen Höhlen aufzufinden, von denen ich den Ausblick der schönsten, der Cuéva pequeña, dem Leser im Bilde vorführe. Trotz der grossen Mühen, zu denen sich noch oft starke Regengüsse gesellten, waren diese Leute unverdrossen und murrten nicht, wenn nach der anstrengenden Arbeit Abends in unserer einsamen Waldhütte Schmalhans die Schüssel vorsetzte. Immer und immer wieder musste ich die Findigkeit dieser Leute bewundern, mit der sie auf diesem zerklüfteten Terrain Alles auf's Beste zu schlichten wussten. Wir fanden uns stets genau zu der-

Indianerstein.
Im Thale von San Estéban.

selben Zeit zurück, die der alte Führer Morocoima angegeben hatte. — Als ich endlich Caripe verlassen musste, war kein einziges Reitthier aufzutreiben. Ich war daher genöthigt, den engen Weg zur Küste zu Fuss zurückzulegen. Von einem kräftigen Burschen begleitet, der das Wichtigste meiner Sammlungen trug — die Pflanzen und Anderes musste ich zurücklassen — erreichte ich nach vier Tagen Carúpano, voll von Erinnerungen an den Aufenthalt bei den guten Leutchen von Caripe. –– — — — — — — — —

Im Allgemeinen stehen die Urbewohner Venezuelas auf einer sehr niedrigen Culturstufe, und nichts weist darauf hin, dass es früher, in der Zeit vor der spanischen Eroberung, je besser gewesen sei. Die wenigen im Lande zu findenden Alterthümer bekunden deutlich, dass hier die Indianer tief unter den Incas in Peru und Bolivia, Ecuador und Columbien sich befunden haben, obgleich deren Gebiet keineswegs von der Natur begünstigter war, was sie zu höheren Leistungen hätte ansporen können. Die von mir aufgefundenen Alterthümer, sowie die Eingrabungen in Felsblöcken, die mir zu Gesicht gekommen sind, weisen alle denselben primitiven, man könnte sagen kindlichen Charakter auf (s. Vignette). Anders jedoch verhält es sich mit den Korbflechtwerk- und Weberarbeiten, was besonders an den vortrefflichen Hängematten vom Orinoco und von der Halbinsel Goajira zu erkennen ist. Noch jetzt kann man in der Nähe des Culturgebiets so manche Stämme fast im Urzustande leben sehen, so zum Beispiel am Orinoco-Delta, wenige Meilen von der Insel Trinidad entfernt. Schon ein Blick auf ihre Begräbnissstätten zeigt, dass sie, die Guaraunos, von der nahen Cultur nichts angenommen haben, als höchstens einige Fehler. Derselbe jähe Wechsel ist auch im Verkehr vorhanden. Den Fremden wird es anfangs nicht wenig überraschen, in einem Kaufmannsladen zu Maracaibo oder

Ciudad Bolivar neben einer europäischen, elegant gekleideten Dame ein halbnacktes Indianerpaar seine Einkäufe machen zu sehen.

Wie alle Tropengebiete Amerikas, bietet auch Venezuela eine bunte Musterkarte der verschiedensten Völkertypen und Mischlinge, die allmählich aus den drei Hauptrassen, Europäern, Indianern und Negern, entstanden sind. Die Mestizen, Mischlinge von Weissen und Indianern, machen nicht nur äusserlich einen besseren Eindruck als die Zámbos, Abkömmlinge von Schwarzen und Indianern, sondern ihre Fähigkeiten und ihr Charakter sind auch vorzüglicher. Die Mulatten, die Nachkommen von Weissen und Schwarzen, deuten zwar mehr auf letztere hin, jedoch sind unter ihnen gut veranlagte Personen häufig zu finden. Die Mulattinnen weisen mitunter recht hübsche Gestalten mit üppigen Formen auf. Im Verlaufe unserer Schilderung wird sich noch Gelegenheit bieten, die hauptsächlichen Charakterzüge dieser gemischten Bevölkerung in Betracht zu ziehen.

Nach dem Abstecher zum Rio Capáz, wo eine Wasserscheide angenommen werden muss, da er nicht, wie die meisten kleinen Bergströme der Umgebung, seinen Lauf in ein Cordillerenthal, sondern nach der Zuliaebene nimmt, kehrten wir über Jaji zurück, um rasch die Stadt Mérida, den Ort der Verheissung, zu erreichen. In der Quebrada Conzáles, unweit der Plantage La Choréra, befinden sich mehrere Wasserfälle von einigen hundert Fuss Höhe, die an der steilen Felswand, dem Fusse des Páramos de los Conéjos, herabstürzen. Ein üppiger Pflanzenwuchs entzieht sie theilweise dem Blicke. An den Seiten, da wo die Steinmauern senkrecht stehen, ja oft sogar überhängen, tritt das Gefels nackt hervor, und es bietet sich die Gelegenheit, aus den verschiedenen weit am Gehänge sich hinziehenden Steinkohlenschichten interessante Versteinerungen hervorzuholen, namentlich die schönen Pflanzenabdrücke zu beobachten, die eine reiche Flora der Urzeit bekunden. Stellenweise ist Venezuela sehr reich an Petrefakten aus der Pflanzen- und Thierwelt. Es ist indes nicht meine Sache, auf die geologischen Verhältnisse dieses Landes ausführlich einzugehen. Wer sich dafür interessirt, dem seien die trefflichen Arbeiten eines Fachmannes, des Professors Sievers, empfohlen, der dieses Gebiet in geologischer Beziehung durchforscht hat. Mein lebhaftes Interesse für alle Erscheinungen der Natur veranlasste mich aber doch auf meinen Streifzügen, soweit es möglich war, Fossilien der einstigen Fauna und Flora zu sammeln. So gelang es mir, bei Cucutá in Columbien werthvolle Theile des Skelettes eines Riesenfaulthieres (Megatherium) auszugraben; Knochen dieses Thieres sind auch, wie Dr. A. Ernst in Carácas berichtete, bei Caróra aufgefunden worden.

In verschiedenen Windungen schlängelte sich der Weg, der überall schöne Ausblicke bietet, an den Berghängen hin, bis wir endlich die höchste Stelle „El Alto (1625 Meter) überstiegen, um dann bald nach El Moral zu gelangen, einer kleinen Ansiedelung, die eine prächtige Aussicht auf das freundliche 1215 Meter hoch gelegene Städtchen Ejidos bietet, welches von üppig begrünten Plantagen umgeben ist. Weiterhin zeigt sich bereits ein Theil des Tafellandes von Mérida, an dessen unterem Ende, nahe der Stelle, wo sich der Rio Albarrégas in den Chama ergiesst, ein prachtvoller Wasserfall herabstürzt, der von dieser Stelle aus wie ein weisser Silberfaden zwischen dem üppigen Grün der Hänge erscheint. Den Hintergrund schliesst die Sierra Nevada, die sich vorläufig noch hinter einem leichten Wolkenschleier verbarg, um sich dann nach wenigen Stunden in voller Pracht zu zeigen. Wir liessen Ejidos hinter uns, durchritten den Albarrégas und gelangten zu dem Anstiege auf das Tafelland von Mérida. Als wir oben auf der Mesa den Ort La Punta durcheilten, sank bereits die Sonne hinter die Páramos de los Conéjos, und damit zerriss das Gewölk der Sierra. Die Gipfel zeigten sich in ihrer vollen Pracht und Herrlichkeit. Immer tiefer sank die Sonne, die ihre Strahlen durch tiefblaue Wolkenschichten auf die Páramos und Schneegipfel warf. „El sól de los venádos!“ (Die Sonne der Hirsche) riefen meine Begleiter aus; „ein gutes Omen für deine Ankunft in Mérida.“ Mit dieser Bezeichnung will aber gesagt sein, man könne bei dieser ungewöhnlichen Beleuchtung von der Stadt aus einen Hirsch auf den Páramos gewahr werden. In voller Farbenpracht prangte nun die Sierra, gleichsam als wolle sie uns in ihrer Prunkkleidung den Willkommengruss bieten. Ich habe die Beleuchtungseffekte, welche mich lebhaft an unser Alpenglühen erinnerten, festgehalten und versuche nun sie auf dem beigelegten Farbendrucke, soweit es möglich ist, wiederzugeben.

Unser Einritt in Mérida schien Aufsehen zu erregen; denn bald zeigten sich auf der langen menschenleeren Strasse Neugierige, die von meinen Begleitern zu erfahren strebten, wer ich wäre und was ich wollte. In Folge des langen Marsches sahen wir gerade nicht sehr sauber aus, was aber diesen Leuten weniger auffiel, als der Umstand, dass sich auf meinen Maulthieren eine lebende Fracht von Affen, Papageien, Wickelbären und andern Thieren befand, die ich auf meinen Zügen aufgegriffen hatte. Es war schon ziemlich dunkel, als unsere Tropilla vor der einzigen Posáda (Wirthshaus) des Ortes hielt, die sich in der Nähe des Hauptplatzes befand und wo wir vom Wirth, Coronél Ranjél, freundlich aufgenommen wurden. — „Grácias á Dios, que estámos en Mérida, la perla de la Cordillera“ (Gott sei Dank, dass wir in Mérida sind, der Perle der Cordillera.)

Mesa de Mérida.
Tafelland von Mérida mit den Páramos de los Conéjos.

FÜNFTES KAPITEL.

Mérida.

Was die Lage betrifft, so kann Mérida mit Recht die Perle der Cordillera genannt werden. Der Ort besitzt Vorzüge, wie sie auf einem so kleinen Raume vereint kaum ein zweites Mal wieder zu finden sein mögen. In einer Höhe von 1630 über dem Meeresspiegel, ist ihm ein dauerndes Frühlingsklima bescheert, wo weder über Hitze noch über Kälte geklagt werden kann. Ferner bietet diese Stelle so recht den Knotenpunkt der Cordillera, so dass man in kurzer Zeit sowohl in das tropische Tiefland gelangen kann, wie auch hinauf zur Grenze des ewigen Schnees. Als ich in der nachfolgenden frühen Morgenstunde, ausgeruht von den Wegbeschwerlichkeiten, in's Freie trat und erwartungsvoll Umschau hielt, sah ich Mérida im Norden, Osten und Süden hellschimmernd besäumt. Oben auf den Páramos hatte es während der Nacht einen starken Schneefall gegeben, der jedoch bald vor den immer kräftiger werdenden Sonnenstrahlen dahinschmolz, so dass nur die höchsten Gipfel ihre weisse Hülle behielten. Bei der Mannigfaltigkeit der Landschaft konnte ich mich nur schwer für die Richtung entscheiden, nach der ich meine Schritte vorerst lenken sollte. Bald stand ich am oberen östlichen Ende der Stadt, in der Nähe der Bolivarsäule, und liess den Blick über die Gebirgswelt streifen, über Höhen, Thäler und Schluchten. Fast senkrecht unter mir lag das Chamathal mit seinen Kaffee- und Zuckerrohr-Plantagen, zwischen denen der vom Páramo de Mucuchies kommende Rio Chama seinen raschen Lauf nimmt, vermehrt durch die Wasser des Rio Mucujún, der sich vorher zwischen dem Tafellande und dem Escurialgebirge durch eine enge Schlucht stürzt. Im Süden ragt die Kette der Sierra Nevada empor, an deren unteren sanften Hängen und kleinen Terrassenbildungen Weizen- und Kartoffelfelder sich ausbreiten; und aus dem frischen Grün lugen die Hütten der Bewohner überall hervor. Höher hinauf decken die dunkeln Waldmassen die riesigen Berglehnen, und darüber recken die Páramos ihre mit ewigem Schnee bedeckten Häupter empor. Ein Blick gen Osten zeigt das Tafelland von den Ketten der Páramos de los Conéjos und de la Culáta umschlossen, die parallel mit der Nevadakette laufen. Nach Westen hin, also entlang des Tafellandes, neigen sich beide Ketten ziemlich tief hinab. Es ist der Richtung nach das Gebiet, welches wir auf dem Wege hierher durchzogen hatten. Eben wie ein Tisch — daher Mesa de Mérida genannt — ist die nach Osten sanft abfallende Schotterterrasse eine der malerischesten Tafellandbildungen in ganz Südamerika. Der Norden wird vom Rio Albarrégas durchströmt, der in seinem oberen Laufe den kleinen Rio Milla aufnimmt, so dass das Tafelland wie eine Halbinsel aussieht, wenn auch die Furche dieses Flusses nicht so tief ist, wie die des Chama. Das beigegebene, nach der Natur aufgenommene Bild führt die Landschaft deutlicher als jede Beschreibung vor. Hier lässt sich Lage und Bauart von Mérida deutlich erkennen. Wie in allen Städten Venezuelas, schneiden sich die Strassen unter rechten Winkeln, zeigen die Häuser ein ebenso langweiliges Aeussere und haben, der häufigen Erdbeben wegen, nur selten mehr als ein Erdgeschoss. Die Stadt besitzt neun Kirchen, von denen sich die am Hauptplatze befindliche Kathedrale besonders auszeichnet (s. Vignette). Trotz der reichen natürlichen Hilfsquellen ist Mérida sehr zurückgeblieben und dürfte auch eine der ruhigsten Städte im Innern sein. Gewöhnlich sieht man nur wenige Leute auf den Strassen, und schon nach der achten Abendstunde scheint Alles im tiefen Schlafe zu liegen. Auf den mit Gras bewachsenen Strassen und Plätzen weidet das liebe Vieh. Nur am Montag, wo auf dem Platze vor der Kathedrale grosser Markt abgehalten wird, geht es ausser den Festtagen etwas lebhafter zu. Es ist dies der interessanteste Markt in Venezuela; denn die Erzeugnisse der verschiedenen Klimate kommen hier in den Verkehr. Von den oberen Culturgegenden, besonders von dem 3000 Meter über dem Meere im oberen Chamathale liegenden Mucachies, dem höchstgelegenen Städtchen Venezuelas, kommen hier zum Verkauf: Weizen, Kartoffeln, Butter, Käse, Erbsen, verschiedene Kohlarten, kurz fast Alles, was nur ein sehr gemässigtes Klima aufzuweisen hat, und daneben wieder die schönsten Produkte der Tropenwelt, worunter der Rohzucker nicht die letzte Stelle einnimmt. Dieser wird auch in grossen Quantitäten zur Herstellung von süssem Backwerk benutzt, das in der ganzen Gegend sehr gerühmt wird und dessen Herstellung die Frauen von Mérida besonders gut verstehen.

Zur Marktzeit bietet sich ferner die beste Gelegenheit, die Leute aus dem Umkreise kennen zu lernen, die von den Bergen und Thälern auf Maulthieren, Ochsen oder Eseln mit ihren Verkaufsgegenständen herbeigezogen kommen. Die aus den höheren Gebirgsgegenden kommenden Indianermädchen sind von hellerer Hautfarbe und tragen eine ihrem heimathlichen Klima angepasste dunkle Kleidung aus Wollstoffen. Die aus den heissen Thälern nahenden Indianer haben dagegen eine dunklere Färbung und kleiden sich in helle, leichte Gewänder, welche die Körperformen minder bedecken. Unter den Marktbesuchern sind hier und dort Mischlinge zu finden, die mich lebhaft an die Heimath erinnerten: Männer und Frauen mit blauen Augen und hellblonden Haaren, wie man sie in den Gauen des deutschen Nordens antrifft. In der That lässt sich auch annehmen, dass in ihren Adern germanisches Blut fliesst. Es lässt sich dies auf Jahrhunderte zurückführen, auf die Zeit, als deutsche Kriegsknechte nach Coro geschickt wurden und sich von hier bald über die Cordilleren verbreiteten. — Durch das lebhafte Feilschen und Markten der Städter und Dörfler klingen die Gebete der Pádres aus der Kathedrale, deren drei Frontthüren weit offen stehen. Die Meisten, die vom Lande hierher kommen, besonders Frauen, benutzen die Gelegenheit zum Kirchgang. An der schrägüber befindlichen Ecke ist für Erfrischungen gesorgt; Fruchteis, von Roheis bereitet, das von der Sierra Nevada herbeigebracht wurde, wird hier feilgeboten. Schon in den Vormittagsstunden der Marktzeit beginnen sich die Kaufläden in den Hauptstrassen mit Landleuten zu füllen, die hier das meiste des eingenommenen Geldes zurücklassen. Der Montag ist daher auch für die Kaufleute der Hauptgeschäftstag. Sobald die Thüren der Kirche geschlossen werden, erscheinen zahlreiche Pádres auf dem Marktplatze, wo sie ein freundliches Gespräch mit den Herbeigekommenen pflegen, auch mit den jungen Damen der Stadt, die von den vergitterten Fenstern ihrer Wohnungen aus das bunte Treiben beobachten, fast ihre einzige Zerstreuung in dem langweiligen Gesellschaftsleben der Stadt. Mérida ist der Sitz eines Bischofs und weist eine zahlreiche Geistlichkeit auf, die sich auch dem Fremden gegenüber, selbst wenn er anderer Confession ist, recht liebenswürdig erweist. Ich habe in diesem Kreise so manche angenehme Bekanntschaft gemacht, und man war auch bemüht, mir bei meinen Sammelarbeiten behilflich zu sein. Selbst mit Landleuten wurde ich vertrauter, was mir dann bei meinen Ausflügen recht zu statten kam. Ich vertheilte Flaschen mit Spiritus, die am Montag gemäss meiner Instruktion mit Käfern gefüllt, gegen eine kleine Bezahlung bei mir abzuliefern waren. Diese Thatsache wurde in der Cordillera von Mérida bald dermassen ruchbar, dass ich schliesslich den allzustarken Zudrang meiner Naturforscher-Gehilfen abwehren musste. Allerdings kam es bei ihren Leistungen zuweilen vor, dass sie, wie ihre Landsleute in Caripe, die Insekten in Wasser legten, weil der Spiritus einen gar zu starken

Reiz auf sie ausübte. Ich will wenigstens hoffen, dass sie ihn nicht unverdünnt getrunken haben. Indes schien es mir doch nöthig, verlautbaren zu lassen, ich hätte dem Spiritus ein wenig Gift zusetzen müssen, damit sich die Thiere besser hielten. Nun kamen freilich weniger Sammler! Aus der Umgebung der Stadt war auch mein ständiger Begleiter, ein Halbindianer namens Estéban, der sich mir gleich am ersten Tage mit den Worten vorstellte: „Jo también sui naturalista" (Ich bin auch Naturforscher). Er hatte nämlich schon früher botanischen Sammlern als Begleiter gedient, die Beschäftigung war ihm daher nicht ganz fremd. Auch konnte ich ihm das Abbalgen der Vögel und das Insektensammeln bald beibringen, wie er sich mir überhaupt während meines wiederholten und langen Aufenthalts in Mérida recht nützlich erwiesen hat und Freud und Leid mit mir theilte.

Um hier noch des Festtagstreibens in den verschiedenen Stadtvierteln zu gedenken, sei in aller Kürze das der Pfingstzeit geschildert. Diese Fröhlichkeiten haben meist einen religiösen, aber dabei

Vorbereitungen zum Frohnleichnamsfeste.

heiteren und anmuthigen Charakter. Auf dem Platze vor der Kirche des betreffenden Stadttheils wird es schon in der frühesten Morgenstunde rege, besonders zur Zeit der Frohnleichnams-Umgänge. Von allen Seiten werden prachtvolle Pflanzen, Früchte und manches andere, was zur Zier dienen kann, herbeigeschafft. Der Platz verwandelt sich in einen duftigen schmucken Garten. An den vier Ecken der Plaza werden Altäre improvisirt. Es wird dies, oft mit künstlerischem Geschmack, von den jungen Damen der besten Familien besorgt, die wir somit Gelegenheit haben kennen zu lernen. Sonst sieht man sie auf den Strassen kaum anders als beim Kirchgang, wo sie etwas vermummt gekleidet einherwandeln. Es sind recht schöne Erscheinungen unter ihnen, und ihr rosiger Teint bekundet, dass sie unter dem milden Klima der Höhen wohnen, denn ihre Landsmänninnen des heissen Tieflandes weisen eine gewisse Blässe auf. Ueber die Altäre werden triumphbogenartige Gerüste gestellt, die mit Lianen zusammengebunden und verschiedenartig durchzogen sind. Nun werden Pflanzen und andere Gegenstände angebracht, wie es die beigefügte Illustration deutlich erkennen lässt. Es freute mich von den liebenswürdigen Mérideñas, bei der einen oder der anderen Gruppirung um Rath angegangen zu werden, wobei ich übrigens auch Manches,

51

was mir zweckdienlich war, erfuhr. Ich hatte Gelegenheit, die Feierlichkeit bei der Kathedrale zu beobachten. Gegen die Mittagsstunde waren die Ausschmückungsarbeiten vollendet, und die Glocken liessen vor den versammelten Leuten ihre dröhnende Stimme vernehmen. Eine Stille trat ein. Die Kirchenthüren wurden geöffnet, und mit der höchsten Geistlichkeit an der Spitze, zog eine Procession langsam-feierlich heraus, dem ersten Altare zu, wo Halt gemacht und die Segnung vorgenommen wurde, während das Volk andächtig auf den Knieen lag. Von hier aus bewegte sich der Zug zu den anderen Altären, um schliesslich wieder in die Kirche einzuziehen, ganz wie in katholischen Gegenden des Vaterlandes. Nachdem dies geschehen und die Thüren geschlossen waren, entwickelte sich auf dem Platze ein lebhaftes Treiben. Die Triumphbogen mussten ihren Schmuck hergeben, der nun verkauft wurde. Hier erstand auch ich so manche schöne Orchidee, manche andere Pflanze, manchen prächtigen Vogel aus der Montaña der Sierra Nevada. Musik wurde laut — allerdings meist nur Guitarre und Maraccas — der rasch eine allgemeine Fröhlichkeit folgte. Aber schliesslich nahm auch das ein Ende. Die Plaza leerte sich. Die hellschimmernden Firnen der Sierra Nevada verschwanden in dem Dunkel, das der kurzen Dämmerung folgte, und bald darauf herrschte allgemeines Schweigen. Still und ruhig wie gewöhnlich lag Mérida da.

Ausser diesen Kirchenfeierlichkeiten bringen auch noch die Tóros (Stierkämpfe) etwas Abwechslung in das einförmige Leben. Sie finden gelegentlich von Nationalfesten auf dem Hauptplatze statt, wozu sich ganz Mérida einfindet. Wie alle Spanier, haben auch die Einwohner und mehr noch die Einwohnerinnen der Stadt eine Vorliebe für dieses blutrünstige Spiel, das sich jedoch hier viel harmloser gestaltet, als in dem Mutterlande. Unter den Klängen einer Ohren zerreissenden Musik wird nämlich der „Stier" herbeigeführt, ein harmloses Thier, das nichts weniger als kampfmuthig dreinschaut. Nun wird er auf dem Marktplatze herumgejagt, was er sich auch ziemlich willig gefallen lässt. Fällt es ihm aber einmal ein stehen zu bleiben und sich dem Jagen zu widersetzen, so nehmen zum Gaudium der Zuschauer die wackern Kämpen Reissaus. Als ich einer dieser Vergnügungen beiwohnte, brach unter der Last der Menschen ein Schaugerüst zusammen, das eine Strasse abgesperrt hatte, was die Betroffenen zur Flucht nach allen Seiten hin veranlasste. Auch der Stier benutzte die Gelegenheit und entwischte durch die entstandene Lücke. Er rannte in's freie Feld hinaus, und alle Versuche ihn zurückzubringen, waren vergeblich, so dass es für diesen Tag mit dem Schauspiele ein Ende hatte. — Auch Hahnenkämpfe sind beliebt; ich vermied jedoch, mich bei dieser Thierquälerei als Zuschauer einzustellen.

Mérida hat auch eine Universität, die jedoch selbst für dortige Verhältnisse nicht viel bedeuten will. Die jungen Leute pflegen daher zum Studium nach Carácas zu gehen, wo ein Deutscher, der Director des Nationalmuseums ist, Dr. A. Ernst, die gesammte Naturwissenschaft lehrt. Er ist ein vorzüglicher Kenner Venezuelas und besonders für die dortige Flora eine Autorität. Seinen im Laufe von Jahrzehnten gesammelten Erfahrungen verdanke ich so manchen sehr werthvollen Rathschlag, wofür ich ihm auch hier meinen besten Dank ausdrücke. Trotzdem das Unterrichtswesen in Mérida auf keiner hohen Stufe steht, sind hier Leute von wissenschaftlicher Bildung zu finden. Manche haben sich sogar zur Bereicherung ihrer Kenntnisse längere Zeit in Europa aufgehalten, wie z. B. Dr. med. José Gabaldon, dem ich gleichfalls hier für seine werthvolle Unterstützung meinen Dank ausdrücke; auf vielen meiner Streifzüge in's Gebirge war er mein Begleiter. Er und Don Salomon Briceño erlernten auch von mir das Präpariren von Thieren, und seither haben sie schon wiederholt ornithologische Sammlungen nach Europa geschickt. Ueberall wo ich mich befand, habe ich den Versuch gemacht, die Leute für die Naturschönheiten ihres Landes zu interessiren. An manchen Orten, hauptsächlich in Mérida, veranstaltete ich Ausstellungen meiner Skizzen und Sammlungen, und da zeigte es sich, wie überrascht die Leute gewöhnlich waren, auf einer Stelle vereint so viel heimische Dinge zu sehen, von denen ihnen ein beträchtlicher Theil ganz fremd war. Wie oft hörte ich ausrufen: „So viel prachtvolle Vogelarten bergen unsere Wälder?" Ausländer befanden sich nur wenige dort, Deutsche waren nicht darunter, wohl aber die überall unvermeidlichen Italiener, die Handel trieben und sich einzig nur für diesen interessirten. Ein Korse jedoch, Herr Bourgoin, Besitzer einer Apotheke, bildete eine Ausnahme und war mir auch als tüchtiger Pflanzenkenner sehr nützlich.

Mérida hat 5000—6000 Einwohner, die sich hauptsächlich mit Ackerbau und Handel beschäftigen. Aber trotz der günstigen Lage entwickelt sich die Stadt nur wenig und steht weit hinter San Cristóbal und Valéra, von denen später noch die Rede sein soll, zurück.

Panorama der Páramos de los Conéjos und de la Culata mit dem Blick auf Mérida, das Thal des Rio Mucujún und des Rio Chama.
Von der Sierra Nevada aus genommen.

SECHSTES KAPITEL.

Ausflüge.

Um nun systematisch vorzugehen, wählte ich als ersten Ausflug die nächste Umgebung. Schon in der Stadt boten sich dem Sammeleifer günstige Gelegenheiten. Die zahlreichen Stadttheile weisen zwar nur eine geringe Zahl Häuser auf, dagegen gedeiht auf Schritt und Tritt eine üppige Vegetation, in der, fast gänzlich ungestört vom Menschen, ein reiches Thierleben vorhanden ist. Um auch zu Hause bei möglichst günstiger Beleuchtung arbeiten zu können, musste ich vor Allem einen Wohnungswechsel vornehmen, denn Don Antonio Ranjél konnte mir nur eine dunkle fensterlose Stube zur Verfügung stellen, die durch die schmale Eingangsthüre ihr spärliches Licht erhielt. Ich fand auch in einem der wenigen mit einem Stockwerke versehenen Häuser auf der Plaza, gegenüber der Kathedrale, im Hause des alten Generals Balsa ein geeignetes Lokal, eine Stube mit drei Fenstern und Balkonen im ersten Stockwerke. Die Fensterläden wiesen zahlreiche Löcher auf, Kugelspuren früherer Revolutionen. Wenn hie und da eine Erderschütterung stattfand, die glücklicher Weise gewöhnlich nicht sehr heftig war, so wackelte der ganze Kasten. Einmal allerdings schien mir der Aufenthalt doch zu bedenklich, und ich zog es vor, einige Tage im Hofe, unterhalb der Veranda zu schlafen. Uebrigens trägt die Stadt heute noch Spuren des grossen Erdbebens, das im Jahre 1812 auch Carácas vollständig zerstörte.

Mit meinem Diener San Estéban, der durch Zufall diesen Namen in Erinnerung an jenen schönen Ort erhielt und nun von allen Leuten, die Geistlichen nicht ausgenommen, so genannt wurde, wandte ich mich zunächst der otra Banda zu, d. h. der andern Seite, nördlich vom Flusse Albarrégas, der im raschen Laufe sein vorzügliches, klares Wasser dem Chama zuführt. Als wir die jenseitige Höhe erstiegen hatten, gelangten wir zwischen die Anpflanzungen, die, gleich den Feldwegen, von lebendigen Hecken in bunter Blüthenpracht umsäumt sind. Meist sind es Dornensträucher, stellenweise auch Cactusgruppen und Agaven, Alles durch zierliche Schlingpflanzen, grellfarbige Winden und Passifloren verbunden. Brombeeren giebt es hier in einer Fülle und Ueppigkeit, wie ich sie in Europa nie gesehen habe. Es gilt nur die Hand auszustrecken, um pflaumengrosse Früchte zu erlangen. Daneben Rosen und Fuchsien in wetteifernder Schönheit. Hinter diesen Hecken, die abwechselnd auch mit Palmen, Pappeln und anderen Bäumen durchsetzt sind, dehnen sich wohlbebaute Felder mit Mais, Zuckerrohr — das hier allerdings nicht so hoch wächst, wie in der Niederung — Kartoffeln, Kohl und Bohnen aus, untermischt mit Bananen verschiedener Abarten. Rechts von uns, der Loma de los Angeles zu, sahen wir eine grosse von Buscarebäumen be-

Kaffeeplantage.

schattete Kaffeeplantage, deren Erzeugnisse sehr gerühmt wurden (siehe Vignette mit tropischen Früchten). Langsam, hier nach Schmetterlingen jagend, dort nach einem uns unbekannten Vogel schiessend, durchschritten wir den oberen Theil der otra Banda in einer knappen Stunde, worauf wir die Loma de los Angeles, einen Ausläufer des Páramo de los Conéjos erstiegen, um eine Rundschau zu halten. Ein entzückender Anblick! eine herrliche Culturlandschaft, die ich dem Leser auf dem bereits erwähnten Aquarellbilde vor Augen führe. In der Mitte des Bildes, am Fusse der Sierra Nevada, zeigt sich eine der bedeutendsten Schluchten, die Quebrada de San Jacinto, die ich auch beim ersten Anblick als nächstes Ausflugsziel bestimmte. Am folgenden Morgen schlugen wir deshalb die Richtung nach Süden ein, und schon nach einer Viertelstunde gelangten wir an den Rand des Tafellandes, wo sich ein neuer Anblick bot: in steiler schwindelerregender Tiefe lag das Chamathal zu meinen Füssen. In den mannigfaltigsten Windungen schlängelte sich an dem fast ganz kahlen Abhange ein holpriger Weg, hinab. Eine schwankende Holzbrücke führte über die tiefe Felsspalte, durch welche der Chama brausend-stürmisch seine Wogen durchzwängte. Bei hohem Wasserstande überdröhnt das Tosen der schaumbedeckten Wellen die laute Stimme des Menschen. Jenseits des Flusses zog sich ein welliger Streifen Wiesen- und Feldboden hin. Bald aber wurde das Gebirge steiler, und nach einem kurzen Marsche gelangten wir zu der erwähnten Schlucht, nicht ohne zuvor einen vorliegenden Hügel erstiegen zu haben, der mir einen Gesammtanblick des Tafellandes bot. In ihrer ganzen Grossartigkeit zeigte sich nun die Mesa de Mérida mit ihren steilen Abhängen und deren Wasserrissen. Der am Fusse derselben hinströmende Fluss gräbt nämlich tiefe Furchen in diese schöne Schotterterrasse. Welche gewaltige Wasserkraft muss hier in Anwendung gekommen sein, um ein so merkwürdiges Landschaftsrelief hervorzubringen! Im Osten der Stadt, dort wo der Rio Mucujún zwischen Tafelland und Escurial hervorbricht, war die Mesa einst mit letzterem verbunden, denn der Mucujún konnte sich an dieser Stelle erst später Bahn brechen. Im Geröll der Abhänge fand ich Versteinerungen von der Art, wie ich sie erst tausend Meter höher im anstehenden Gestein wiedersah.

Die Mündung der Quebrada ist ziemlich breit und bildet eine sanft nach dem Chama sich senkende Fläche. Saftig grüne Matten, abwechselnd mit denselben Culturpflanzen, wie ich sie in der otra Banda vorfand, kennzeichneten auch hier die Umgebung einzelner Conucos, und dichte blühende Rosensträuche erfüllten mit erquickenden Düften die maikühle Luft. Zwischen bemoostem Gestein, theilweise von prächtig belaubten Baumgruppen überschattet, fliesst in zahlreichen Windungen der von der Sierra kommende Jacintobach dem Rio Chama zu. Nachdem wir ein Viertelstündchen marschirt waren, verengte sich die Schlucht, und über uns begann das Hochwaldgebiet. Bis an den Lauf des Baches herab drängt sich die Fülle dieser Flora, deren Mannigfaltigkeit an die Wälder des heissen Tieflandes erinnerte, aber nur die Mannigfaltigkeit; denn sie enthält ganz andere Arten, von welchen allerdings manche denen der Tierra caliente ähnlich sind. Immer enger wurde die Schlucht. Jäh stiegen auf beiden Seiten die Berglehnen empor. Die Sonne muss schon sehr hoch stehen, wenn ihre Strahlen in diese feuchte Tiefe dringen sollen. In der kühlen Morgenluft, ohne von Mosquitos belästigt zu werden, ohne befürchten zu müssen, jeden Augenblick auf eine Schlange zu treten, schritten wir rüstig weiter. Dabei erfreute sich der Blick ganz besonders an den Baumfarren, die in grossartiger Weise entwickelt waren. Als die höher gestiegene Sonne auf die eine oder andere derartige Baumgruppe ihren Schein warf, so dass sie sich kräftig von ihrer Umgebung abhob, so gab das ein unvergleichliches Bild von grossartiger und doch auch anmuthiger Schönheit. Bis zu einer Höhe von zwölf Metern ragen die schlanken Stämme empor und entwickeln dann eine Blätterkrone, die an pittoresker Pracht noch die der meisten Palmen übertrifft. Kletternde Farren winden sich empor, mit Moos umsponnen, von Bromelien, duftenden Orchideen und anderen Pflanzen besetzte Lianen durchschlingen die Blätterfülle, und rankende Fuchsien entfalten ihre rothen langen Blüthen bis hoch oben in den Wedelkronen. Hie und da bilden Riesengräser, mit ihren feinen halmartigen, hellgrünen Blättern eine dichte Bedachung, aus der die zierlichen, leicht-

Farrenwald.

beweglichen oberen Theile der Gräser hervortreten und dann oft sogar über die Riesenblätter der Farren hinausragen. Uebrigens auch vollständig frei von anderen Gewächsen, bietet der Farrenwald einen sehr angenehmen Anblick. Die niedrigen jungen Pflanzen sind gewöhnlich unten sehr dünn, während oben der geriefte schuppige Stamm durch Verwachsung der einzelnen Blattstiele sich oft kopfartig verdickt. Die absterbenden Blätter, rothbraun oder auch roth, sind hier fast von noch grösserer Farbenwirkung als bei den Palmen. Auch in tiefer liegenden Regionen kommen Baumfarren vor, allerdings nicht in einem solchen Reichthume wie hier. Schon auf dem Küstengebirge von Carácas und Puerto Cabello konnte ich sie bewundern. Das Stammholz, das für unzerstörbar gilt, wird in der ganzen Cordillera zum Bau von Wassermühlen benutzt.

San Jacinto war einer meiner Lieblingsorte für kürzere Ausflüge. Oft brachte ich hier den ganzen Tag zu, wobei ich Gelegenheit fand, meine Sammlungen mit manchem Stück zu bereichern. — Zu grösseren Ausflügen von Mérida aus wählte ich vor Allem El valle, das Thal des Rio Mucujún, welcher links von der Montaña Escurial das Thal durchströmt. Allerdings waren jedesmal einige Tage dazu nöthig. Der Weg zieht sich in nordöstlicher Richtung etwa eine halbe Stunde durch die dorfartige Vorstadt, dann gelangt man zu einem sehr argen Steinweg, der in Serpentinen treppenartig in's Thal führt. Seine landschaftliche Gestaltung ist grundverschieden von der San Jacintos. Grosse, mit Baumgruppen bestandene Wiesen dehnen sich vor dem Beschauer aus; im Hintergrunde zeigen sich verstreut einzelne Niederlassungen. Auch hier sind Brombeersträucher in reicher Fülle vorhanden. Noch angenehmer wirkt es, dass die Flur von zahlreichen Rinder-, Pferde- und Maulthierheerden belebt ist. Der Anblick der grasenden Rinder vermag Einen in der That für einen Augenblick nach den heimischen Alpen zu versetzen. Die Thiere bleiben hier stets im Freien, denn Ställe sind überhaupt nicht vorhanden; nur wenn es gilt sie auszuwählen, werden sie in Hürden getrieben. Auf einer Weizenplantage, etwa 2400 Meter über dem Meere, schlugen wir unser Lager auf, um von hier aus Ausflüge nach allen Richtungen vorzunehmen, wozu der Standort sehr günstig war. Im Allgemeinen trug dort der Wald denselben Charakter wie zu San Jacinto, indes fiel es mir doch auf den ersten Blick schon auf, dass alle grösseren Pflanzen mit einem dichten gelbgrünen Moos umhüllt waren, als wollten sie sich gegen die nächtliche Kühle schützen. Auch wir mussten beim nächtlichen Insektenfange unsere wollenen Mäntel anlegen, wollten wir nicht frieren. Aber ich fand hier reiche Beute, Arten, wie ich sie bisher noch nicht zu Gesicht bekommen hatte, prachtvolle Vögel und Schwärmer. Besonders erstere überraschten mich nicht wenig. Während mir auf dem Tafellande von Mérida noch so mancher alte Bekannte aus der Vogelwelt des Tieflandes begegnete, boten sich hier Erscheinungen, die mir bisher in der freien Natur noch nicht vorgekommen waren, und erwartungsvoll zog ich daher jeden Morgen aus.

Erwähnung verdient, dass die schwarz-weisse Gabelweihe (Nauclerus furcatus), die zwar über das ganze warme Amerika verbreitet ist, auch in dieser Höhe noch haust und eine Bereicherung des Landschaftsbildes vom Valle del Mucujun bildet. Sie ist etwas kleiner, als unsere rostrothe Gabelweihe (Milvus regalis), weiss, mit langen, schwarzen Flügeln und gabelförmigem Schwanze. Gruppenweise sitzt sie auf den Wipfeln der höchsten Bäume oder kreist in den Lüften, wobei sie, wie die Eingeborenen behaupten, nur Insekten fängt, also keineswegs auf kleine Vögel Jagd macht. Schon in der frühen Morgenstunde tönt von den bewaldeten Höhen ein pfeifender Ruf ins Thal hinein. Den Heimischen klingt er wie „Seco estoi!" (Trocken bin ich), und so benennen sie auch den betreffenden Vogel. Mein Begleiter meinte, wenn dieser Ruf laut werde, so gäbe es bald Regen, was ich merkwürdiger Weise meistens auch bestätigt fand. Der Seco estoi (Grallaria ruficapilla) gehört zur Familie der Wollschlüpfer (Eriodoridae), ist an Form und Färbung unserer Wasseramsel ziemlich ähnlich, jedoch sind seine Beine viel höher. Wie bei allen Vögeln dieser Familie, sind Flügel und Schwanz kurz, die Federn des Rückens verlängert und von eigenthümlich wolliger Beschaffenheit. Trotz seiner Dicke bekommt man ihn nicht leicht zu Gesicht und noch schwerer vor das Rohr, denn er hält sich im Dickicht auf dem Boden auf und ist ungemein schnell in seinen Bewegungen. Es gelang mir eine bis dahin noch unbekannte Art (Grallaria griseonucha) zu entdecken. Von den Kolibriarten, welche dieser oberen Waldgegend eigenthümlich sind, will ich hier nur Heliangelus Spenci und Bourcieria Conradi hervorheben. Ersterer ist auf dem Rücken, Kopf und Schwanz von erzgrüner Färbung; die Brust weist ein prachtvolles, glänzendes Carmin auf, mit weisser Binde unter dem Roth. Die Bourcieria ist grösser, von hellmetallisch grüner Farbe und hat einen grossen reinweissen Fleck auf der Brust. Sie baut ihr ziemlich grosses, mit grünem Moose überzogenes Nest vorzugsweise an die Endspitzen grosser hängender Blätter. Auch der Schwertschnabel (Docimastes ensifer) kommt fast nur auf diesen Höhen vor; mit Vorliebe geht er an die Blüthen der kletternden Fuchsien. Eine besondere Zierde der Landschaft bilden mehrere Trogoniden, wie die goldgrüne, am Unterleib schimmernd rothe Viuda de la Montaña (Pharomacrus antisianus), die Wittwe des Waldes, wie die Eingeborenen den Vogel nennen. Er ist etwas grösser als eine Taube, und scheint es noch mehr durch seinen verlängerten Schwanz. Wie alle Vögel dieser Familie, ist er wenig scheu, man könnte sagen dumm. Träge verharrt er ruhig auf seinem Platze, so dass man sich ihm leicht nähern kann. Seine Haut ist sehr dünn und zart; schon ein Schuss mit feiner Munition bringt eine Federwolke hervor, und bei seinem Herabstürzen fliegen die Federn selbst bei der geringsten Berührung mit Blättern oder Zweigen davon. Ganz anders verhält es sich mit einer ultramarinblauen Elster (Cyanocitta armillata), die in Gesellschaften von vier bis sechs Stück laut pfeifend den Wald durchzieht. Lebhaft und rastlos fliegt sie von Baum zu Baum. Gelingt es dem Jäger eine zu erlegen, so hat er die Wahrscheinlichkeit, dass auch die andern seine Beute werden, denn die aufgescheuchten Genossen kehren bald zurück, um den Kameraden zu suchen. Noch sei eines seltenen, finkenartigen Vogels gedacht, der von Sclater und Salvin als neu beschrieben und Chlorospingus Goeringi benannt wurde.

Fast immer kehrten wir reichbeladen mit Beute und mit zahlreichen Skizzen versehen nach der Niederlassung zurück. Ein Mal aber, als wir uns zu weit entfernt hatten und überdies noch von einem Gewitter überrascht wurden, waren wir genöthigt, im Walde zu nächtigen. Gar leicht führt uns der Eifer immer tiefer in das Waldesdunkel; man vergisst, dass der Rückweg auch wieder so viel Zeit braucht, und es ist auch bei der beschränkten Aussicht nicht gut möglich zu beurtheilen, wie sich das Wetter noch

gestalten mag, was bei dem schnellen Witterungswechsel im Gebirge besonders nöthig wäre. In später Nachmittagstunde vernahmen wir plötzlich in der Richtung nach dem Páramo del pan de Azúcar fernes Donnerrollen, und bald verfinsterte sich die Luft. „El Páramo está brávo" (Der Páramo ist wild), beemerkt San Estéban und fügte hinzu, der pan de Azúcar werde uns gleich Kälte und Wasser schicken. Es wurde immer dunkler, und bald waren wir in schwarze Nacht gehüllt, so dass wir nicht weiter konnten. Um einander nicht zu verlieren, hielten wir uns dicht beisammen. Die Temperatur fiel jäh, zähneklappernd standen wir in dem vom Sturme durchfegten Walde. Ein furchtbarer Regen strömte hernieder, begleitet von dem im Gebirge widerhallenden Donner. Blitze durchzuckten die Luft und erhellten zeitweilig wundervoll den Wald. Ringsum in unserer Nähe krachten die vom Wetter getroffenen Bäume. Mein Diener rief alle Heiligen an, er wähnte, wir wären verloren; es war in der That auch ein tolles Wetter, wie ich es auf allen meinen Fahrten noch nicht erlebt hatte. Endlich liess das Ungewitter nach, und allmählich verhallte der Donner ganz. Dagegen machte sich im tiefen Dunkel der Regen noch empfindlicher geltend, denn die Bäume, die uns bisher einigermassen Schutz gewährten, entledigten sich jetzt, vom Winde bewegt, ihrer Wassermenge. Indess waren wir doch froh, wenigstens Blitz und Donner hinter uns zu haben. Einmal schon bis auf die Haut durchnässt, ergaben wir uns willig in unser Schicksal und trotteten die ganze lange Nacht, die uns einer Ewigkeit gleich dünkte, auf und nieder, zuweilen einen Schluck Feuerwasser nehmend. Endlich, als der ersehnte Morgenschein sich einstellte, rafften wir uns auf und erreichten glücklich unseren Ausgangspunkt. Die Leute in der Niederlassung begrüssten uns jubelnd; sie waren sehr besorgt um uns gewesen und hatten, um die Richtung anzudeuten, Schüsse abgefeuert, die jedoch ungehört im lauten Wetter verhallten.

Bei günstiger Witterung ist das Streifen durch die kühlen Bergwälder nicht nur minder anstrengend, als das Wandern im heissen Tieflande, man wird auch nicht von Mosquitos und anderen Insekten belästigt und stösst nur selten auf Schlangen, vor welchen man sich unten ganz besonders vorzusehen hat. Nur eine einzige, jedoch ungiftige Schlange von der Grösse einer Ringelnatter kam mir hier häufiger vor; und andere Arten scheinen auch den Eingeborenen nicht bekannt zu sein. Grössere Raubthiere sind hier ebenfalls selten. Der Jaguar, von dem ich auf dem Küstengebirge von Carácas in einer Höhe von 2000 Metern noch Spuren fand, wurde von den Eingeborenen nicht erwähnt, wohl aber der Puma, welcher hier und da friedlich weidende Viehherden überfällt, ja sogar die Häuser beschleicht, um sich ein Huhn herauszuholen, allerdings nicht so verwegen wie der Jaguar. Der Fuchs (Canis azarae) ist hier ebenfalls ein dreister Geselle. Allein alle diese Räuber lassen sich hier viel seltener blicken, als in wärmeren Gegenden. Den Tapir, den ich noch auf dem Zerro azul am See von Valencia in einer Höhe von etwa 1500 Metern beobachten konnte, fand ich in der Cordillera nicht und bezweifle, dass er hier vorkommt, obgleich einige Reisende nach Hörensagen mittheilten, er stiege so hoch empor. Ein zierlicher, mittelgrosser Hirsch (Cervus rufus) mit kurzem, verhältnissmässig starkem Geweihe ist nicht selten, er lieferte uns einen vorzüglichen Braten.

Der vom Páramo del pan de Azúcar kommende Rio Mucujún durchfliesst das ganze Thal, zwischen Felsblöcken dahineilend, seine Ufer weisen die mannigfaltigsten Landschaftsbilder auf: hier Wald, einzelne Pflanzengruppen, dort Wiesen oder Weizenfelder. Zahlreiche Bäche, die vom Páramo de la Culata herabkommen und das Thal quer durchfliessen, münden in den Fluss und tragen nicht wenig zur Verschönerung der Scenerie bei, die eine wahre Culturidylle inmitten der Bergwildniss der Cordillera bildet. Nach allen Seiten hin ladet die Natur zu Ausflügen ein, und überall bietet sich ein trautes Plätzchen für die Mittagsruhe. Sorglos kann man sich hier, wie in dem heimischen Eichenwalde, zur Rast ausstrecken, unbelästigt von Hitze und stechenden Mücken. Doch wer könnte sich in dieser Umgebung lange einem trägen Nichtsthun hingeben!

Ein ebenfalls sehr lohnender Ausflug in der Nähe Méridas führt nach El Encánto (die verzauberte Schlucht), aus der der Rio Milla entspringt, um nach kurzem Laufe nahe bei Mérida in die Albarrégas zu münden. Die Schlucht wird zu beiden Seiten von kahlen steilen Felswänden eingefasst und verengt sich immer mehr, Terrassen bildend, über die sich der Bach herabstürzt. Unterhalb dieser Wasserfälle haben sich grosse Tümpel gebildet, deren scheinbar dunkelblaue, fast schwarze Gewässer der Scenerie einen düstern Zug verleihen. Die steilen Felswände gestatten nur soweit vorzudringen, dass man einen Blick in die „verzauberte Schlucht" werfen kann, und auch das nur von einer sehr unsicheren Stelle. Dann steigt das Gefels jäh empor — ein schwindelerregender Anblick! Eine Örtlichkeit wie diese ist so recht geeignet, der Phantasie des Volkes Spielraum zu geben, wie denn auch zahlreiche Sagen im Schwange sind. Selbst mein San Estéban, der in Folge seines Verkehrs mit Fremden und gebildeten Einheimischen aufgeklärter

Felis Vaguaruadi.

Myrmecophaga jubata.

als andere war, konnte sich nicht aus dem Banne des Vorurtheils befreien. Dringend bat er mich, ja nicht näher eindringen zu wollen, oder gar zu schiessen, denn der geschossene Vogel verwandle sich sofort in einen Dämon, der mich in den Abgrund stürzen würde. Trotz dieser Warnung schoss ich eine über die Schlucht streifende Schwalbe, die jedoch in den Tümpel fiel. Erleichtert athmete San Estéban auf, als wir dann unversehrt El Encánto verliessen.

Ruhig, umgeben von einer blüthenreichen Buschvegetation, fliesst der Albarregas in seinem breiten, steinigen Bette der Stadt Mérida zu. Ohne besondere Mühen konnten wir seinen Lauf weit verfolgen; dann wandten wir uns links den etwas steil geneigten Hängen der Loma de los Angelos zu und stiegen zu dem Walde empor, der die Höhe krönt, wo wir am Rande einer Lagune Rast hielten, die, vollständig mit Wasserpflanzen bedeckt, wie ein bunter Teppich mitten im Walde lag. Auch hier ist derselbe Waldcharakter vorherrschend, wie in Valle und San Jacinto; auch hier sind wir völlig vom Walde umschlossen, und es fehlt jede Fernsicht. Man glaubt eine weite Ebene vor sich zu haben; indess braucht es nur wenige Schritte, um zu dem steilen Abfalle nach dem Tafellande von Mérida zu gelangen. Nachdem wir ein Stündchen etwa durch die vom Wasser gerissenen Furchen hinabgestiegen waren, erreichten wir den Rand des Waldes; und als wir aus diesem heraustraten, lag vor unseren Blicken die Stadt, unser Hauptquartier, und hinter ihr die schöne Sierra Nevada.

Meine Absicht war nun, das Chamathal aufwärts zu durchziehen und damit einen Ausflug nach Torondoi zu verbinden, dessen herrliche Lage mir gerühmt worden war. An der Bolivarsäule, am östlichen höchsten Theile des Tafellandes, steigt man auf breitem Wege, der am steilen Abhange in das Thal hinabführt, zunächst an das Ufer des Rio Mucujún, verfolgt den Lauf dieses Flusses eine Strecke weit, um dann in der Richtung von Ost nach Norden ins Chamathal einzudringen. Nach einem Marsche von fünf bis sechs Kilometern erreichen wir den Ort Tabai, der, nach Sievers, 1760 Meter hoch liegt. Bis hierher erstreckt sich der Kaffeebau. Immer höher steigt jetzt das Thal empor, und der uns entgegenströmende Chama weist bereits ein sehr starkes Gefälle auf. Nach einer weiteren Wegstrecke von zwölf Kilometern gelangen wir zu dem kleinen Orte Mucurubá, bereits 2510 Meter hoch. Das Thal nimmt nun einen immer öderen und düsteren Charakter an, der nur hier und da durch grünende Weizenfelder etwas gemildert wird. An geeigneten Stellen des Flusses liegen zerstreut kleine, sehr primitive Wassermühlen, deren Geklapper uns anheimelte. Wir ritten sofort auf die erste zu, um eine Erquickung zu erbitten. Aber auf unseren Ruf und Gruss trat keine schöne Müllerin hervor, sondern ein altes von Schmutz starrendes Indianerweib, dessen Anblick uns unseren Wunsch vergessen liess. Bald erreichten wir das von Mucurubá etwa zehn Kilometer entfernte Städtchen Mucuchies das, 3030 Meter über dem Meeresspiegel, den höchstliegenden Ort Venezuelas bildet. Die Umgebung bietet einen sehr trübseligen Anblick. Ueberall starren uns verwitterte Granitmassen und im ganzen Thal zerstreute Steinblöcke entgegen, und zu beiden Seiten steigen gewaltige Felswände empor, deren Höhen mit eisigen Páramos und Schneebergen gekrönt sind, die allerdings in das öde Landschaftsbild einen grossartigen Zug hineinbringen. Sofort nach meiner Ankunft in der späten Nachmittagsstunde unternahm ich einen Ausflug nach der nächsten Umgebung, links von der Ortschaft, wo das Terrain jäh emporsteigt, zuweilen kleine Terrassen bildend. Ueberrascht wurde ich hier von dem plötzlichen Erblicken einer von frischem niedrigen Grün umsäumten kleinen Lagune, in der vier rosenrothe Löffler (Platalea Ajaja) herumstolzirten und im Schlamme emsig nach Nahrung suchten. Hatten sich diese Thiere schon in der Lagune des Zuliawaldes durch ihr Prachtgefieder von den anderen Vögeln und der üppigen bunten Flora hervorzuheben vermocht, so war dies noch mehr der Fall in diesem kahlen Hochgebirge. Indessen, sie waren Reisende wie wir; die Lagune hier galt ihnen nur als eine Stelle kurzer Rast, die sie wahrscheinlich auf ihrem Zuge von den Llanos nach dem Zuliagebiete, beim Fluge über die hohen Cordilleren nahmen, um in ein neues Sumpf- und Wassergebiet zu gelangen. Schon am See von Valencia hatte ich beobachtet, dass während der Trockenperiode, in der die meisten Lagunen der Llanos versiechen, die Vogelwelt an den von ihnen als Station benützten Ufern viel reicher war, als in der Regenzeit. Hier konnte ich es nicht unterlassen, einen der Löffler zu schiessen, was die anderen zum Auffluge veranlasste; sie verschwanden in der Richtung nach dem Zulia, über den Páramo del pan de Azúcar.

Beim Anbruche der Dämmerung war es in Mucuchies bereits empfindlich kalt, so dass wir uns in die dicken Cobijas hüllen mussten; und trotzdem Thüren und Fenster geschlossen waren, konnten wir, ungeachtet eines solchen Schutzes, bei Nacht vor Kälte kaum schlafen. In der frühen Morgenstunde des nächsten Tages verliessen wir den Ort und ritten, völlig in Nebel gehüllt und von einem leichten Regen benetzt, vergnügt in der Richtung nach Norden, den Lauf eines Bächleins verfolgend, dem Páramo del pan de Azúcar zu. In raschem Trabe erreichten wir bald die Höhe. Wir umgingen, einige Lagunen hinter uns lassend, den höchsten über 4000 Meter hohen Gipfel des Páramo, um, wieder auf der Zuliaseite, in ein milderes Klima hinabzugelangen. Schon in einer Höhe von 3000 Metern zerriss ruckweise der Nebelschleier, und wir gewannen den grossartigen Ausblick auf die gewaltigen Vorberge, Schluchten und Thäler unter uns, auf die Zuliaebene und den See von Maracaibo. Im weiteren Abstiege kamen wir bald an die obere Waldgrenze, wo die hauptsächlichen Wegschwierigkeiten begannen; denn es dürfte kaum ein Gebirgsrelief geben, das mannigfaltiger gestaltet wäre, als dieser Theil der Cordilleren. An manchen Stellen dieses schaudererregenden, nur wenig beschrittenen Pfades setzten sich die Reitthiere nieder, um rutschend über die Schwierigkeit fortzukommen. Bald befinden wir uns in einer engen Schlucht, bald in einem Flussgerinne, bald auf der Höhe eines steilen Hanges, der sich oft mehr als 500 Meter tief in den Abgrund senkt.

Am ersten Nachmittage berührten wir eine kleine Niederlassung, Mucumpate, die noch ziemlich hoch liegt. Hier sahen wir unter uns das grossartige, bereits früher erwähnte Spiel der „Fuegos del Catatúmbo" in seiner ganzen Ausdehnung und Pracht. Während wir in tiefe Dunkelheit gehüllt waren, schien unter uns alles in Gluthen zu schwimmen, und der See von Maracaibo glänzte wie ein gewaltiger Feuerspiegel. Blitze durchzuckten nach allen Richtungen hin die Luft, begleitet von einem dumpfen Donnerrollen, das unheimlich zu uns heraufscholl. Die gewaltige Wirkung dieses Naturfeuerwerks wurde noch durch den vielgestalteten Vorder- und Mittelgrund erhöht. Besonders wenn wir zwischen den Riesenstämmen der verschiedenen Baumformen hindurchblickten, konnten wir uns an den wechselreichen, imposanten Bildern nicht müde sehen.

Am Vormittage nach unserm Aufbruche von Mucumpate sahen wir in der Tiefe, zwischen Berge hineingebettet, Torondoi und wähnten in kurzer Zeit unser Ziel erreicht zu haben. Allein so oft die Hütten des kleinen Ortes uns zu Gesicht kamen, ebenso oft verschwanden sie wieder, und erst in später Nachmittagstunde gelangten wir nach einem mühevollen Ritte dahin. Der Punkt ungefähr am letzten Abstieg, von dem aus unser Aquarellbild aufgenommen wurde, zeigt die Landschaft, wie ich sie bei Sonnenuntergang fand. Hier fällt der Blick auf den nordöstlichen Theil der Zuliaebene, an deren rechter Seite, wo sich die beiden Landzungen in den Maracaibosee hineinschieben, die beiden Haupthafen La Ceiba und Mopóro liegen.

Trotz des kurzen, nur wenige Tage umfassenden Aufenthaltes hatte ich hier Gelegenheit, so manche Thiere zu beobachten, die mir bisher nicht vorgekommen waren, so den merkwürdigen Ameisenbär (Myrmecophaga jubata). Als ich im Walde herumstreifte, bemerkte ich in einer Lichtung einen fast zwei Meter hohen Ameisenhaufen (s. Vignette) und sah, wie das Gesträuch an einer Stelle ganz eigenartig bewegt wurde. Wenn die Bewegung am stärksten war, rückte ich vorsichtig näher, wie beim Balzen eines Birkhahns, um endlich den langersehnten Anblick zu gewinnen, dem ich nur zögernd durch einen Schuss ein Ende machte. Eine andere Art, kleiner und gelblich-weiss gefärbt (M. tetradactyla), kommt neben der erstgenannten vor. Gebracht wurde mir das hier nicht seltene Stachelschwein (Cercolabes prehensilis) und eine ziemlich grosse Landschildkröte, sowie ein schwarzer Riesentausendfuss von etwa 20 Centimeter Länge. Auch die grosse Vogelspinne erblickte ich, als sie sich anschickte, das Nest einer kleinen Kolibrifamilie zu überfallen. Wiederum bewunderte ich die Kühnheit der Vogeleltern, die fortgesetzt auf die Spinne losstiessen; indess würde diese wohl als Sieger aus dem Kampfe hervorgegangen sein, wenn ich sie nicht erfasst und in meine Spiritusflasche befördert hätte.

Ein Exemplar der interessantesten Kleinkatze (Felis Yaguarundi), die sich von den anderen Arten durch ihre wieselartige Form und gleichmässige Färbung unterscheidet, daher auch Wieselkatze genannt wird, fand ich ebenfalls in Torondoi. Der Kopf dieses schlanken, zierlichen Thieres war elf Centimeter lang, die Körperfärbung ein fahles Grau-gelb. Ich führe diese nur wenig bekannte Art im Bilde mit vor.

Diese Region dürfte auch dort, wo die Tiérra templada und die Tiérra caliénte sich berühren, die meisten Hoccoarten aufweisen, denn von den Bewohnern wurde mir eine Reihe namhaft gemacht. Ich selbst traf wiederholt auf kleine Gruppen der Thiere und hatte dabei wiederum Gelegenheit, einen nächtlichen Ueberfall seitens ihres grössten Feindes, des Wickelbären, der hier noch häufig vorkommt, zu belauschen (s. Vignette). Gegen die Zuliaseite hin weisen diese Berge der Cordilleren nicht selten Petroleumquellen auf; im Nordwesten von Torondoi fand ich mitten im Gebirgswalde, zwischen den Uferstämmen des kleinen Bergflusses Rio Caus eine dicke dunkelbraune Petroleummasse an verschiedenen Stellen reichlich hervor-

Nächtlicher Ueberfall (Wickelbären und Hoccos).

quellen, so dass ich in kurzer Zeit eine Flasche damit füllen konnte. Bei derselben Excursion glückte es mir auch, eine neue prachtvolle Papageienart von der Grösse eines Staares aufzufinden, die von Sclater und Salvin Urochroma dilectissima benannt wurde.

Nur ungern trennte ich mich von Torondoi, um von Mérida aus noch vor der Besteigung der Sierra Nevada einen längeren Ausflug nach San Cristóbal bis Cúcuta zu machen. Wir kehrten also auf demselben Wege zurück, wurden jedoch vom schlechten Wetter genöthigt, in einem Rancho zu übernachten, der etwa 3500 Meter hoch liegt. Leute, die nach Torondoi zogen, hatten den kleinen Raum, zu dem nur eine mit einem Kuhfelle geschützte Thür führte, bereits eingenommen, so dass wir dicht aneinander gedrängt um das in der Mitte lodernde Feuer lagern mussten. Der Kälte und des Regens wegen wurde die Thüröffnung geschlossen, daher der Aufenthalt in diesem überdies noch von Rauch und Ungeziefer erfüllten Raume ganz unerträglich war. Von Schlaf konnte bei mir natürlich nicht die Rede sein; so beobachtete ich denn die liegenden und hockenden, in ihre dicken Tücher gehüllten Gestalten, worunter sich auch zwei von der Kälte geröthete Indianermädchen befanden.

In Mérida angelangt, traf ich die Vorbereitungen für meinen grösseren Ausflug, und es freute mich, denselben in Gesellschaft zweier soeben eingetroffener Hamburger machen zu können, der Herren Kirsten und Bock, die mir durch ihre Naturfreudigkeit und ihren Kunstsinn die Reise sehr angenehm gestalteten. Es mochte das erste und vielleicht auch das letzte mal sein, dass gleichzeitig drei wohlberittene Deutsche in den Cordilleren erschienen. Wir bildeten mit unseren Dienern, wozu natürlich auch mein unvermeidlicher

San Estéban gehörte, und den Lastthieren für das Gepäck eine kleine Karawane, die durch ihr plötzliches Erscheinen überall bei der Bevölkerung grosses Aufsehen erregte.

Bis Los Estanques hatten wir den bereits früher erwähnten Weg zu passiren. Von hier an, bei der Plantage Mucuties, folgt er in der Richtung Südwest aufsteigend dem Laufe des Rio Mucuties. Wir gelangten zunächst nach dem zwischen kahlen Bergen liegenden Tovar und dann nach Bailadores. Nun verliessen wir das Flussgebiet, überschritten den riegelartig vorgeschobenen 3250 Meter hohen Portachuelo und ritten nach dem etwa 1450 Meter hoch liegenden Städtchen La Grita hinab, das sich durch sein angenehmes Klima und seine malerische Lage auf einer Schotterterrasse, die von einem Wasserlauf durchschnitten wird, auszeichnet. Nach jeder Richtung hin bietet sich hier die prächtigste Aussicht auf die Gebirgswelt: auf den Portachuelo im Norden, den fast 4000 Meter hohen Páramo del Patallón im Osten, und auf den 2763 Meter emporragenden Zumbadór im Südwesten.

La Grita, das wir hier im Bilde vorführen (das Portachuelo-Gebirge zeigt sich im Hintergrunde) dürfte etwa 4000 Einwohner zählen, hübsche, regsame Gestalten, was auch Professor Sievers bemerkte. Wenn das in den Bergen vielfach widerhallende Glockengeläute die Gläubigen zum Kirchgang ruft, bietet

La Grita.

sich die beste Gelegenheit, die weibliche Bevölkerung dieses netten Städtchens und seiner Umgebung kennen zu lernen. Leider konnten wir nicht länger verweilen. Wir zogen nun den uns in südwestlicher Richtung entgegenströmenden Rio Valle, der im Gritaflusse mündet, entlang und kamen nach einem mässigen Ritte durch eine trostlose Wildniss zu dem kleinen, am Abhange des Zumbadór über 2000 Meter hoch liegenden Ort El cobre, der in jeder Beziehung den stärksten Contrast zu La Grita bildet. In einer elenden Hütte fanden wir zwar bei nicht sehr freundlichen Leuten Unterkunft, konnten jedoch nur ein sehr kärgliches Abendessen auftreiben. Gerne zogen wir von diesem Orte, dessen Bewohner als sehr rauflustig gelten, fort, um nun, San Cristóbal immer näher kommend, den 2763 Meter hohen Zumbadór zu überschreiten. Dieser niedrige Páramo ist berüchtigt ob der heftigen Winde, die hier wehen, woher auch sein Name stammt, denn Zumbár bedeutet sausen. In der That erwies sich uns auch der begraste Uebergang als dermassen sturmumweht, dass wir uns kaum auf unseren Maulthieren zu halten vermochten.

Sobald wir das Gebiet des in südwestlicher Richtung fliessenden, vom Zumbadór herabkommenden Rio Torbes erreicht hatten, eröffnete sich uns ein neuer, sehr schöner Ausblick auf das Thal und die mannigfaltig gegliederte Gebirgslandschaft, wo im Hintergrunde die weissen Häuser des terrassenartig aufgebauten Städtchens Tariba aus dem Grün hervorlugten. Auf einem verhältnissmässig guten Wege verliessen wir bald die Region der heftigen Winde und gelangten zum Rio Torbes, über den wir seines gewundenen

Laufes wegen wiederholt setzen mussten. Mit jedem Schritte wurde das wärmere Klima fühlbarer, die Vegetation schöner, letztere besonders am Ufer, wo der Blick stets aufs Neue von prächtigen Pflanzengruppen gefesselt wird. Beim Roncho Cordero hielten wir ein Weilchen an, um den Thieren nach der anstrengenden Gebirgstour Rast zu gönnen. Dann aber galt es nach dem fast 900 Meter hoch liegenden Táriba zu ziehen, das wieder in der heissen Zone innerhalb der Cordillera gelegen ist. Unser Erscheinen lockte fast die ganze Bevölkerung aus ihren Behausungen hervor; wir aber eilten weiter und erreichten Nachmittag San Cristóbal, wo wir von einem Landsmanne, Herrn Thies, der dort als Kaufmann und Apotheker lebte, mit lautem Jubel begrüsst wurden.

Die Stadt San Cristóbal liegt gleichfalls auf einer aus Geröll und rothem Sandstein bestehenden Schotterterrasse, nach Sievers 845 Meter hoch, und hat eine innerhalb der Cordillera seltene, freie und zugleich malerische Lage. Unsere Abbildung zeigt den Ort von Südwesten aus, vom Wege nach Rubio, einer kleinen aufblühenden Stadt, die nur einige Kilometer entfernt ist. Mir schien dieser Punkt am geeignetsten für die Aufnahme, weil man von hier aus das ganze herrlich schöne Thal des Rio Torbes fast

San Cristóbal, Prov. Táchira, Venezuela.

bis zum Hervortreten des Flusses aus dem Gebirge verfolgen kann. Auch präsentiert sich von hier aus die Stadt selbst am vortheilhaftesten, und man bemerkt dicht hinter ihr, oben auf der Bergterrasse, die grössten und ergiebigsten Kaffeeplantagen der Gegend. Zur Linken bilden die Höhen des Páramo del Zumbadór, zur Rechten die über 3000 Meter emporragenden Páramos de las Agrias den Hintergrund. Auch blinken uns links von der Stadt, im Thale des Torbes, die weissen Häuser von Táriba entgegen. Schon der erste Blick belehrt uns, dass San Cristóbal einen viel rührigeren Charakter hat, als Mérida und andere Cordillerenstädte. Die starke Productionsfähigkeit der weiten Umgebung von San Cristóbal und die leichte Verbindung über Cúcuta in Columbien mit Maracaibo, begünstigen den Ackerbau und den Handel, zu deren Erstarkung einige ansässige deutsche Handelshäuser sicherlich ein Beträchtliches beigetragen haben. Treten wir aus der Stadt, so erreichen wir bald eine üppige Bergwaldung, deren Fauna und Flora uns fast ausnahmslos bereits bekannt sind. Einer der lohnendsten Ausflüge von San Cristóbal führt über den kleinen, unregelmässig gebauten Stadttheil Mádre juana in das Torbesthal hinab. Hier reiht sich Idylle an Idylle. Ueberraschend ist es, wenn sich zu gewissen Zeiten die klaren Wasser des Rio Torbes theilen und kleine Inselchen mit einer entzückenden Blüthenpracht bilden. Still und ruhig zieht der Fluss, stellenweise zwischen

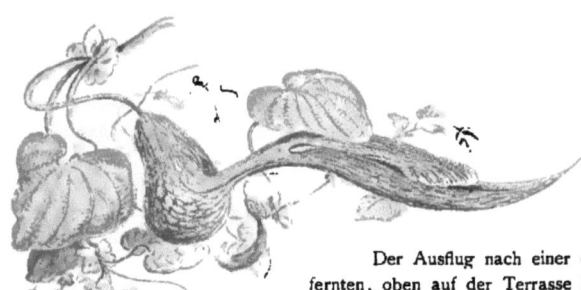

Aristolochia rigens.

riesigen Rollsteinen, durch das Thal, das dort, wo der höhere Pflanzenwuchs fehlt, saftig grüne Matten aufweist. Zu meiner Freude fand ich hier die merkwürdige Aristolochia rigens, die einen feinblättrigen Mimosenstrauch förmlich durchschlungen hatte. Eine Fülle von weis-blau-violett blühenden Winden umwob die meisten Büsche.

Der Ausflug nach einer etwa zwei Stunden von der Stadt entfernten, oben auf der Terrasse liegenden Kaffeeplantage, den ich mit meinen Freunden unternahm, wird mir unvergesslich bleiben. So oft ich auch schon Gelegenheit hatte, das Leuchten der Cocuyos zu bewundern — hier erfolgte es so grossartig, wie ich es noch nie zu Gesicht bekam. Bei unserm Heimritte in der feuchtschwülen dunklen Nacht funkelten, soweit das Auge reichte, Millionen dieser und anderer Leuchtthierchen wie kleine Feuerpünktchen, ein Schauspiel, das noch grossartiger wurde durch die Savannenbrände an den Berglehnen. Man hatte nämlich das dürre Gras angebrannt, um neuem Aufwuchse Raum zu verschaffen. Wir zählten einige vierzig dieser vielfach gewundenen Bergfeuer, die gleich glühenden Lavaströmen von den Bergen sich nieder zu wälzen schienen. Der nächste Morgen aber zeigte uns dort, wo uns Nachts die Gluthen geleuchtet hatten, schwarze Streifen und Flecken, die sich von den angrenzenden Waldstrecken oder von den verschont gebliebenen Savannen scharf abhoben.

San Cristóbal liegt zwar nur 845 Meter hoch, indess kam uns hier die Hitze doch nicht so drückend vor, wie an anderen Orten gleicher Höhe innerhalb der Cordillera; die freie Lage und die vom Zumbadór herabblasenden Winde mögen wohl die Ursache dieser milderen Temperatur sein. Aber auch hier werden wir, hauptsächlich an der oberen Grenze des heissen Klimas, von den vielen quälenden Insekten und anderen lästigen Thieren an die Unannehmlichkeiten des Tieflandes erinnert. Vor Allem sind es die bereits früher erwähnten Garapátas, die als Plage auftreten, ferner der Sandfloh, dessen Weibchen sich mit Vorliebe unter den Nägeln der Zehen einfrisst. Nur mit Mühe und mit grosser Vorsicht lässt sich dieser Plagegeist entfernen, der von Südamerika leider auch nach unseren westafrikanischen Colonien verschleppt ist.

Aus der Umgebung der Stadt erhielt ich den merkwürdigen Laternenträger (Fulgora laternaria) sowie die Gespenstschrecke Phasma gigas, deren Abbildung hier folgt. Es ist kaum möglich, die vielen Wanzenarten des Waldes aufzuzählen, die oft recht sonderbare Formen haben, in den prachtvollsten Farben erscheinen und bis fünf Centimeter gross sind. Aehnlich verhält es sich auch mit Heuschrecken, Fliegen u. a. Besonders erstere erreichen eine bedeutende Grösse, die jedoch im umgekehrten Verhältnisse zu der Häufigkeit ihres Vorkommens steht. Ich fand eine Art, die mit entfalteten Flügeln etwa zwanzig Centimeter breit war. Beim Heraustreten aus einem Gebüsche hielt ich das vorüberfliegende Thier für einen Vogel; erst als ich es von dem Baume heruntergeschossen, auf dessen Aesten es sich niedergelassen hatte, erkannte ich meinen Irrthum. Zuweilen erscheint auch von Mittel- und Nordamerika her die Wanderheuschrecke in ungeheuren Schwärmen und verwüstet die Plantagen. In den achtziger Jahren hatte besonders der nordwestliche Theil Venezuelas sehr viel unter ihnen zu leiden. — Auch San Cristóbal ist ein sehr ergiebiges Gebiet für Käfersammler; es würde jedoch zu weit führen, wollte ich hier auch nur einen entsprechenden Theil der vorkommenden bemerkenswerthen Arten verzeichnen. An Farbenpracht und eigenthümlicher Gestaltung stehen sie nicht hinter den zahlreichen Schmetterlingen zurück.

Nirgends fand ich eine grüne, schön gezeichnete chamaeleonähnliche Echse so häufig wie in den Bergwäldern von San Cristóbal, wo zuweilen Exemplare durch Berührung des Buschwerkes auf uns niederfielen und sich ergreifen liessen,

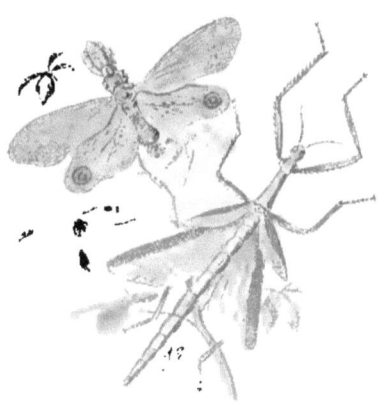

Laternenträger und Phasma gigas.

so dass ich Gelegenheit hatte, ihre langsamen Bewegungen zu beobachten. Auch die früher schon erwähnte grosse Baumeidechse, die Iguana, schien hier öfter vorzukommen, als in anderen Gegenden Venezuelas.

Um einen Blick auf das Nachbarland Columbien zu werfen, begleitete ich meine beiden Hamburger Gefährten nach Cúcuta. Wir ritten zunächst, immer von reichem Pflanzenwuchse umgeben, in östlicher Richtung durch das Thal des Rio Torbes, dessen schönsten Theil unser Bild darstellt. Dann stiegen wir 1395 Meter hoch und übernachteten in dem durch sein gesundes Klima bekannten Capácho. Fast ebenso schnell führt dann der Weg durch eine wechselreiche Gebirgsgegend in das heisse Thal des Rio Táchira hinab. In der Tiefe, dort wo der Fluss von Süd nach Nord sich wendet, liegt das letzte Grenzstädtchen San Antonio, etwa 500 Meter über dem Meeresspiegel, in einem heissen, dem Cacaobau günstigen Klima. Wie ein Silberstreifen zieht sich zwischen üppigem Grün der Fluss dahin, dessen östliches Ufer die Grenze Columbiens bildet. Mein Blick konnte weit hinein in die Cordillera Columbiens streifen, von welcher die Venezuelas nur eine Abzweigung bildet — und es wurde in mir der Wunsch rege, auch diese Gebirgswelt kennen zu lernen.

Von San Antonio führt der Weg nach Norden; und oberhalb Rosarios, des ersten freundlichen Grenzstädtchens Columbiens, gelangten wir wieder in ein Gebiet von Cacteen und Mimosen. Wir ritten auf steinigem Pfade weiter und kamen erst in später Abendstunde nach Cúcuta, einer trotz ihres heissen Klimas sehr rührigen Stadt, wo es auch deutsche Handelshäuser giebt; sie hatte später unter einem Erdbeben arg zu leiden. Jetzt ist sie durch eine Eisenbahn mit dem Rio Zulia verbunden, wodurch ein ziemlich rascher Verkehr mit Maracaibo möglich ist. Wenn auch die Landschaft in ihrer äusseren Erscheinung eine stete Abwechslung bot, so konnte ich hier, wo die gleichen Bedingungen für das Thier- und Pflanzenleben wie in Venezuela vorhanden sind, nichts für mich Neues finden. Nur das bereits erwähnte Hügelgebirge bei Cúcuta, welches die fossilen Reste von Riesenfaulthieren birgt, erregte weiteres Interesse. In dieser Stadt musste ich mich leider von meinen Reisegenossen trennen. Wir feierten den Abschied Abends im Hause eines Deutschen, des Herrn Riedel, wobei alle anwesenden Landsleute sich einstellten. Deutsche Lieder klangen bis tief in die Nacht hinein in das bereits lange im Schlummer ruhende Cúcuta. Auf demselben Wege, auf dem wir gekommen waren, zog ich mit meinem San Estéban nach Mérida zurück, um von hier aus so rasch wie möglich die Besteigung der Sierra Nevada vorzunehmen, womit mein Aufenthalt in Mérida seinen Abschluss finden sollte.

SIEBENTES KAPITEL.

Die Besteigung der Sierra Nevada.

Ich habe streng darauf gehalten, alle meine kürzeren Ausflüge zu Fusse auszuführen, damit ich nicht an Ort und Stelle auch noch die Sorge um die Reit- und Lastthiere hatte; und so beschloss ich denn, zu dem beschwerlichen Aufstiege nur einen Träger mehr als sonst zu engagieren. Mein Unternehmen schien den Einheimischen um so unbegreiflicher, als sie selbst kaum vor die Stadt hinaus zu Fuss gehen. In meiner Absicht lag es, so lange wie möglich auf der Sierra zu bleiben, dort zu sammeln und zu zeichnen; ich musste daher eine ziemlich grosse Quantität Lebensmittel mitnehmen: Rindfleisch, Weissbrod, Mais, Kaffee, Zucker, den einheimischen Schnaps Anisado und noch anderes mehr. Im Juni, bei günstiger Witterung brach ich auf. In früher Morgenstunde zog meine kleine, aus vier Personen bestehende Reisegesellschaft von Mérida aus. Zuerst stiegen wir in das Chamathal hinab, überschritten den Fluss auf einer schwankenden Brücke und setzten den Weg bis zur Haciénda Davila fort, die nach Sievers 1725 Meter hoch gelegen ist. In den ersten Nachmittagsstunden waren wir bei der Haciénda angelangt und hatten daher Zeit, uns in dem gastfreundlichen Hause für den am nächsten Tage zu beginnenden Aufstieg vorzubereiten.

In zahlreichen Windungen führte der Weg an steilen, mit Gras und niedrigem Gesträppe bewachsenen Lehnen empor, so dass nach allen Richtungen hin ein freier Ausblick möglich war, der sich, je höher wir kamen, als desto grossartiger erwies. Ehe wir in den Wald einbogen, der etwa 500 Meter höher beginnt als die Haciénda, liess ich den Blick in das Chamathal mit dem Escurialgebirge hinabschweifen, hinter welchem sich die Ketten der Páramos de la Culáta und del pan de Azúcar erheben, deren höchste Kämme und Gipfel in Schnee gehüllt sind. Weiter nach links zeigt sich Mérida, das wie ein Schachbrett auf dem grünen Tafellande liegt; gegen Osten blinken die hellen Häuser von Ejidos, während der Páramo de los Conéjos den Abschluss bildet.

Nur langsam konnten wir auf dem schlüpfrigen Pfade vorwärts schreiten. Die Träger mussten häufig Rast machen; es schien, als bereuten sie, sich gewissermassen zu Stellvertretern der Lastthiere verdungen zu haben, und nur mein Versprechen einer höheren Lohnzahlung mochte sie davon abhalten, auszureissen. Beim Eintritte in den Wald sah ich dieselben Pflanzenformen wie in San Jacinto, aber noch üppiger als dort entwickelt, denn die Feuchtigkeit ist hier viel grösser; überall rieselte Wasser. Der Wald glänzte im Morgenthau, dessen Blinken die üppige Pracht noch erhöhte. In einer Höhe von 2500 Meter wurde ich an einer Biegung des Weges durch das plötzliche Erscheinen des Andenbären (Ursus ornatus) überrascht. Das schwarze, weissgeschildete Thier brach sehr geräuschvoll aus der Waldwand hervor und eilte über den Pfad, um sich dann in eine dunkle Schlucht zu stürzen. Ich war auf diesen längst ersehnten Anblick nicht vorbereitet und verabsäumte einen Schuss abzufeuern, was mir übrigens

El espánto de la Sierra Nevada.

auch kaum genützt hätte, denn meine Flinte war nur mit Schrot geladen. Der Ursus ornatus ist die einzige grosse Bärenart Südamerikas und kommt in Venezuela, wie in Columbien, nur auf den Höhen der Cordillera bis auf die Páramos hinauf vor. Nachmittags näherten wir uns der oberen Waldgrenze; die Bäume zeigten sich immer krüppliger, immer mehr von Moos umhüllt. An den Stämmen und Aesten hingen wie Rossschweife prachtvolle hellgrüne Lycopodien; weisse und silbergraue Flechten und Moose, die mit Orchideen abwechselten, verhüllten an manchen Stellen die Bäume. Hier befinden wir uns auch so recht in der Region des Chinarindenbaumes. In einer Höhe von etwa 3000 Meter machten wir unweit eines der sogenannten Thore Halt. Diese aus Holzstämmen gefügten Thore sind auf den Cordillerahöhen überall dort zu finden, wo der Pfad aus dem Walde in die untere Páramo- oder Savannenregion führt und haben den Zweck, den oben weidenden Rindern den Weg nach dem Wald zu versperren. Wir fanden hier eine verfallene Hütte, die zuweilen noch von Hirten und Eissammlern zur Rast benutzt wird. Auch wir schlugen hier unser Nachtlager auf, und bald loderte unser Feuer empor, an welchem wir einen kräftigen Spiessbraten bereiteten.

Schon früh am Morgen betraten wir bei einer mit ziemlich hohem Buschwerke umgebenen kleinen Lagune das Savannengebiet und waren damit zu den Páramos gelangt. Hier genossen wir einen prachtvollen Ausblick auf den nun schon nahe gerückten 4700 Meter hohen Schneegipfel La Concha, der im Schein der Morgensonne glänzte. Die anderen schneeigen Gipfel rechts vom La Concha waren unsern Blicken durch den Berghang entzogen, den wir emporstiegen. Unser Farbenbild, das nach einer an Ort und Stelle aufgenommenen Aquarellstudie hergestellt ist, giebt eine deutliche Vorstellung der Configuration dieses Gebirgstheiles. Man sieht, wie der Krüppelwald, an beiden Seiten von Felswänden geschützt, von der Schlucht Quintéro aus heraufsteigt, um unmittelbar vor dem Wasserfalle, der seinen Ursprung in einem kleinen, oben unter dem Gipfel sichtbaren Gletscher findet, mit einem niedrigen aber dichten Gebüsche zu endigen. In der Richtung nach Nordosten liegen die Páramos de los Parros, de los Loros, del Fraile und andere, die sich alle über 4000 Meter erheben. Der Weg nöthigte uns bisher zu einigen Verzögerungen; die Sonne stand daher schon ziemlich tief, als wir links von ihm abbogen, um in das enge Quintérothal hinabzusteigen, wo bereits Dämmerung herrschte. Weissgraue Wolkenmassen bewegten sich

unter uns eilends den Páramohöhen zu. „El espánto de la Sierra!" (Der Schrecken der Sierra!) riefen meine Begleiter aus. Wir befanden uns direkt zwischen der Sonne und den fliegenden Nebelwolken, so dass unsere Schatten in scharfen Umrissen, als dreissig Meter hohe Riesenfiguren erschienen. Jede unserer Bewegungen gaben sie deutlich wieder, und wir nahmen absichtlich die verschiedensten Stellungen ein. Als die Sonne noch tiefer sank, schwand auch der Espánto, der an das verwandte „Brockengespenst" erinnert. Meine

Obere Waldgrenze in der Cordillera von Mérida.

Leute äusserten eine gewisse Furcht vor diesem „Schrecken" und meinten, man möge seiner nicht spotten, sonst würden schlechtes Wetter und andere Reiseunannehmlichkeiten eintreten. Wir mochten ihn auch erzürnt haben, denn als wir an dem Hause Quintéro anlangten, ging ein mit Schneeflocken untermischter Regen auf uns herab. Wir fanden die Thür mit einem Vorlegeschlosse versperrt, wodurch wir genöthigt waren, neben der Hütte, ziemlich ungeschützt, zu übernachten. Unter dem an der Giebelseite angebrachten arg

durchlöcherten Vordache wurde Schlafraum, Arbeitszimmer und Küche eingerichtet, wobei uns die Frailejónblätter treffliche Dienste leisteten. Unsere Vignette zeigt eine Pflanzengruppe in der Nähe des Hauses, und rechts im Vordergrunde einen aufwachsenden Frailejón mit Blüthenstengeln.

Mit dem Worte Páramo werden alle Gebirgseinöden der Cordillera bezeichnet; indess macht man einen Unterschied zwischen „en el" (im Páramo) und auf der Cúmbre (dem Rücken) desselben. Aus der Bezeichnung hat sich auch das Wort emparamárse, auf dem Páramo umkommen, gebildet, und die Eingeborenen pflegen den Reisenden ins Hochgebirge beim Abschied zu wünschen: „No se emparáme", er möge dort nicht umkommen. Auch heisst es in Mérida, wenn die Temperatur von den Schneebergen her beträchtlich abgekühlt ist: „Es para emparamárse" — es ist zum Umkommen. Ist der Páramo „böse", wie die Leute dort sagen — so wagt kaum Einer den Uebergang. Oft aber verleitet er an einem heiteren Morgen mit seinen sonnenbeglänzten Schneegipfeln die Wanderer zum Aufbruch, plötzlich sehen sie sich dann in Wolken gehüllt, umbraust von einem verderblichen Schneesturme. Auf den höchsten Uebergängen findet man auch überall — ähnlich den „Marterln" in den tyroler Alpen — Erinnerungszeichen an verunglückte Reisende, Steinhaufen mit aufgerichtetem Holzkreuze, sowie Knochen zu

Grunde gegangener Maulthiere, was den düstern Charakter der kahlen Landschaft noch erhöht. Indess treffen wir selbst noch bei einer Höhe von 3000—4000 Meter Stellen, die von überragender Umgebung geschützt sind; und hier, besonders an Wasserläufen, stossen wir auf die eigenthümliche Flora der Páramos, die sich auf diesen tropischen Höhen, zu Folge der anhaltenden Feuchtigkeit, ganz besonders prächtig entwickelt. Dort, wo das letzte knorrige Gebüsch der oberen Waldgrenze in der Pflanzenwelt der Páramos sich verliert, lässt sich auch die am höchsten gedeihende Wachspalme, Palma de céra, zum letzten male sehen. Von den vorhandenen Sträuchern will ich, von meinem Standpunkte als Maler, besonders hervorheben: die rosa- und gelbblühenden Befarien, die Alpenrosen der Cordillera, ferner Rhexien, Bauhinien, Melastomaceen, Vaccinien etc. Zierliche Farren finden wir auch an feuchten Stellen zwischen Flechten und Moosen, wo sie sich so dicht an die Steine schmiegen, dass diese wie bemalt aussehen. Von allen Pflanzenformen jedoch heben sich die Espeletien am kräftigsten ab, und die E. argentea, der Frailejón ist es eben, der den Páramos ein eigenthümliches Gepräge aufdrückt. Auf den bis über Manneshöhe gedeihenden, fast einen Meter dicken und durch die herabhängenden trockenen Blätter schwarz erscheinenden Stämmen entfaltet sich die Krone. Die dicken, lanzettförmigen, mehr als 25 Centimeter langen Blätter stehen dicht beisammen, sind seidenfilzig, grünlich silberglänzend, so dass die Kronen von der Ferne den Anblick grosser weisser Mützen gewähren. Die Bezeichnung Frailejón (alter Mönch) ist recht charakteristisch; blickt man nämlich in der Dämmerung über die mit vielen Tausenden dieser merkwürdigen Pflanze bestandene Páramofläche hin, so scheint es, als hätte man eine zahlreiche Versammlung von Mönchen in verschiedenen Stellungen und Grössen vor sich. Manche alte Exemplare stehen wie gebückt da, der weissen Kopfbedeckung beraubt; wie Kleiderfetzen hängen die trockenen Blätter herab. Andere wieder sind gestürzt oder lehnen sich an ihre Nachbarn an, wie etwa Leute, die ein Gläschen über den Durst getrunken haben. Im Vordergrunde unseres Aquarellbildes sind alte Exemplare dargestellt, mit ihren fast einen Meter langen, getheilten, mit kleinen Blättern und gelben Blüthen versehenen Blüthenstengeln. Während der Blüthezeit des Frailejón werden die Páramos durch den am höchsten vorkommenden Kolibri (Oxypogon Lindeni) — den Chivito, Böckchen, der Eingeborenen — belebt. Sobald aber die Blüthen schwinden, verlässt auch das kleine, bescheiden metallisch, mattgrün gefärbte Vöglein die Páramos.

Ueberhaupt ist die Thierwelt auch hier ganz der Landschaft angepasst; keine buntfarbigen Vögel oder Insekten sind zu sehen. Von Vögeln seien folgende, die ich gesammelt habe, besonders erwähnt: Anthus bogotensis, Phrygillus unicolor, Serpophaga cyanea, Ochthoëca superciliosa, Turdus gigas, eine grosse fast ganz schwarze Drossel, Querquedula andium, die am höchsten fortkommende Páramoente. Eine neue Papageienart (Conurus rhodocephalus) fand ich noch in einer Höhe von 3500 Meter und mit ihm den schwarzweissen Wasserstaar (Cinclus leuconotus), der ganz in der Weise unseres Wasserstaares lebt. In dem niedrigen Gebüsche hält sich ein den Hoccos ähnliches Jaccuhuhn (Stegnolaema Montagnii) auf, das einen vorzüglichen Braten liefert.

Ich beschloss, den im Westen von La Concha sich erhebenden Gipfel El Picácho de la Colúna zu besteigen, nachdem sich nach unserem achttägigen Aufenthalte auf den Páramos das Wetter endlich klärte. Am frühen Morgen zogen wir aus, vorbereitet oben zu übernachten. Anfangs ging Alles recht gut, dann aber mussten wir den Reitweg verlassen und über ein arges Geröll fortklettern. Immer steiler und zerklüfteter wurde der Anstieg. Um acht Uhr befanden wir uns über 4000 Meter hoch, und vier Stunden später betraten wir nach einer anstrengenden Kletterei die Kante eines Seitenrückens des Gipfels, der auf dem Bilde zu sehen ist, welches die Sierra Nevada mit der Beleuchtung Del Sól de los Venádos darstellt. Wir standen nun einige hundert Meter über der Grenze des ewigen Schnees und sahen unter uns ein Schneefeld, das jetzt besonders gross war, denn es hatte in der letzten Zeit auf der Sierra viel Niederschläge gegeben. Gewöhnlich hat La Concha mehr Schnee, als dieser Picácho, an dessen schroffen Hängen er nicht recht haften bleibt. Eine ganze Welt lag hier vor unseren Blicken, das Auge vermochte über alle Zonen zu streifen. Der grösste Theil der Cordillera von Mérida lag uns zu Füssen, tief unten die Stadt auf dem prachtvollen Tafellande; und darüber fort schweifte der Blick nach den heissen Regionen von Ejidos und noch weiter hinaus. Hoch über uns kreiste der Condor, der König der Lüfte, dessen nördlichste Verbreitungsgrenze die Cordillera von Mérida zu sein scheint. Erfreut durch den Anblick, gestärkt von Speise und Trank, gingen wir nun daran, uns unter einem riesigen Steinblocke, der auf andern liegend eine Art Höhle bildete, ein Lager für die Nacht zu bereiten, wozu sich indessen meine Leute nur nach einer abermaligen Lohnerhöhung verstehen wollten. Obgleich mir die Besteigung des Gipfels seiner Steilheit wegen nicht gut möglich schien, wollte ich doch am nächsten Morgen mein Glück versuchen. Allein bald waren wir von Wolken umhüllt, und über unseren Köpfen brauste ein Schneegestöber, dass

Chivito (Oxypogon Lindeni).　　　　　　　　Schneegipfel La Concha von der Südseite.

wir uns kaum aufrecht zu halten vermochten. Meine Begleiter drängten zum Abstieg, wozu ich mich endlich, wenn auch ungern, verstehn musste. Grüssend schwenkte ich meinen Hut und nahm Abschied vom Picácho de la Colúna, der Sierra Nevada de Mérida.

War es mir auch nicht gelungen, die Gipfelhöhe dieses Berges zu erklimmen, so hatte ich doch wenigstens die Genugthuung, so hoch gestiegen zu sein, um die Grenze des ewigen Schnees unter mir zu sehen, und über diese fort einen grossen Theil der von mir durchzogenen Strecken, bis zum heissen Tieflande. Auf dem Rückwege konnte ich noch eine Skizze des Picácho de la Concha mit den kleinen Lagunen anfertigen, die ich, weil sie recht charakteristisch ist, hier als Vignette wiedergebe. Auch meine Sammlungen fanden reiches Material. Der grössere Theil der von mir in Venezuela erbeuteten Vögel rührt von der Cordillera her, während an dem Reste sich alle Provinzen von der Küste von Paria bis nach Maracaibo betheiligt haben. Aus den Sammlungen und Beobachtungen ergiebt sich auch, dass der Süden Venezuelas eine Fauna und Flora aufweist, welche jener von Nordbrasilien gleicht, der Nordosten sich darin an Guyana anschliesst und die der Cordilleren-Provinzen wieder identisch ist mit der der Nachbarrepublik Columbien.

ACHTES KAPITEL.

Abreise von Mérida.

Ich hatte mir vorgenommen, nicht über Maracaibo, sondern ganz zu Lande die Küste zu erreichen, und beschloss daher, so rasch wie möglich aufzubrechen. So verliess ich denn im September ungern das mir liebgewordene Mérida. Vor dem Hause des Generals Balsa, in dessen Familie ich mich recht wohl gefühlt hatte, versammelte sich eine Schaar Reiter, um mir das Geleit zu geben, und aus allen Strassen tönte mir ein herzliches „Lebewohl!" zu, ein freundliches „Buen viáje!" Die Leute waren um meinetwillen etwas besorgt, denn kurz vorher war ein arger Verbrecher aus dem Kerker entflohen, um dann den Parámo de Mucuchies, den Schauplatz seiner früheren Mordthaten, wieder unsicher zu machen. Einige Reisende, Eingeborene, hatten daher gewartet, um vereint mit mir den Páramo zu überschreiten.

Wir verfolgten den bekannten Weg aufwärts durch das Chamathal nach Mucuchies. Oberhalb dieses Städtchens gelangten wir zu der letzten Niederlassung Los Apartadéros, 3270 Meter hoch; hier befindet sich rechts, wo der Weg nach Varinas abzweigt, die obere Grenze der Weizenkultur. Nun stiegen wir im Páramo selbst, theils auf felsigem, theils wieder auf Sumpf- oder Moorboden allmählig immer höher. Dieser Hauptweg ist für Reitthiere recht gut, und wir erreichten ohne besondere Schwierigkeiten den Uebergang über den Páramo, dessen Passhöhe 4120 Meter über dem Meere liegt. Als wir auf dem höchsten Punkte angelangt waren, schien bei hellem ruhigen Wetter die Mittagssonne angenehm auf uns herab, während auf den öden schwärzlichen Felsmassen noch ziemlich viel Schnee lag. Ich nahm an dieser Stelle eine Skizze auf, nach welcher das beigegebene Aquarellbild hergestellt ist. Noch einmal blickte ich wehmuthsvoll nach der Richtung von Mérida, wo sich rechts im Hintergrunde die hervorragendsten schneeigen Gipfel der Sierra Nevada herausheben, über die vorliegenden Höhenzüge des Páramo de Mucuchies, während links die gleichfalls schneebedeckte Kette des Páramo de Santo Domingo sichtbar ist.

Kaum hatten wir den Passübergang hinter uns, als sich das Wetter änderte: dichte Wolken hüllten den Himmel ein, und bald ging auch ein mit Schnee untermischter starker Regen nieder, der uns den Abstieg nicht wenig erschwerte, welcher theilweise auf steilen, gewundenen Pfaden nach dem 2620 Meter hoch liegenden traurigen Orte Chachópo hinabführt. Erst mit Anbruch der Nacht langten wir völlig durchnässt hier an, wo wir mit Mühe ein Unterkommen fanden.

Wiederholt hörte ich schon Chachópo als einen der übelberüchtigtsten Orte der Cordillera nennen. Hier sollte der erwähnte Räuber seinen Sitz haben. Unsere Wirthin erzählte mir aber, er sei bei Varinas gefangen und „in Stücke gehauen" worden. — Raubmord kommt eigentlich in Venezuela selten vor, eher noch Mord aus politischen Gründen, aus Eifersucht u. dgl. Man kann furchtlos durch das ganze Land reisen, man verliert höchstens nur hier und da etwas durch Diebstahl, der auch nur dann erfolgt, wenn er leicht auszuführen ist und der Andere die Sache gerade für sich gut brauchen kann. Dieser Gemüthlichkeit entspricht auch das Gefängnisswesen. Manche Ortschaften haben überhaupt keine derartige Lokalität aufzuweisen, und der Missethäter wird im Freien, im Schatten eines Baumes, in den Cépo gespannt, das heisst in den bekannten Block, welchen auch unsere Justiz früherer Zeit in Anwendung brachte. Weniger gemüthlich gestalten sich die Verhältnisse, wenn eine der nicht seltenen Revolutionen losbricht. Da werden sowohl von den Regierungstruppen, wie von den Aufständischen rücksichtslos Pferde, Maulthiere und Esel mit Beschlag belegt, mögen sie Freund oder Feind gehören. Auch zum Militärdienst wird dann gepresst; sonst herrscht ein Dienstzwang nicht. — Einen unangenehmen Auftritt hatte ich in Chachópo mit dem Polizeichef, dem meine Doppelflinte in die Augen stach. Nur meine Drohung mit der Waffe, die in einen Hinauswurf des würdigen Beamten überging, schützte mein Eigenthum vor seiner Liebe dafür. Er meinte zwar, er werde sich meine Flinte am nächsten Tage doch zu verschaffen wissen, indess bot sich ihm um so weniger Gelegenheit dazu, als ich, nach einer schlecht verbrachten Nacht, noch vor Tagesanbruch den traurigen Ort verliess.

Von hohen Gebirgen umgeben, zogen wir den Rio Motatán hinab und merkten bald, dass wir wieder in die Tierra templada gelangt waren. Am Rande der Mesa de Esnojáque, einer kleinen schönen Hochebene, verliessen wir den Fluss und ritten über einen hohen Bergrücken in dessen Nebenthal, bis wir das etwa 1300 Meter hoch liegende Städtchen Mendoza erreichten, wo wir übernachteten, um am nächsten Tage frühzeitig Valera zu erreichen.

Das Thal von Mendoza ist verhältnissmässig gut bebaut und hat ein angenehmes Klima, das jedoch sofort wechselt, wenn wir zu dem tief unten, am Rio Motatán liegenden Valera hinabsteigen. Diese Stadt ist von allen Seiten von theilweise hohen Bergen umgeben; nur im Norden, wo der Fluss den Llanos de Monai zufliesst, ist eine breitere Lücke vorhanden. Die Eingeschlossenheit hat auch eine sehr hohe Temperatur zur Folge; ich wenigstens kann mich nicht erinnern, in Cúcuta oder sonstwo durch die Hitze mehr gelitten zu haben als hier. Dazu kam noch die Menge Ungeziefer in unserer Herberge am Hauptplatze. Schön aber muss die Lage der Stadt genannt werden, wo ich wieder eine üppige Tieflandflora fand. Gegen Norden, in der nächsten Nähe der Häuser, erhebt sich ein Tafelland, die Sábana larga, auf dem der Ort Carabajál liegt, von wo aus man ein prachtvolles Bild des Thales von Motatán, der Stadt und der von uns überschrittenen hohen Gebirge vor sich hat. Wir zogen gegen Osten und gelangten Nachmittag zu dem Rio Jiménes, den wir jedoch nicht durchreiten konnten, weil er in Folge der heftigen Regengüsse im Gebirge stark angeschwollen war. Wir mussten daher in einer Hütte unweit des Flusses bleiben. Nachts wurde der vergebliche Versuch gemacht, uns eines der Maulthiere zu stehlen, die ich Vorsichts halber dicht an unserm Nachtlager rasten liess.

Am andern Morgen fanden wir den Fluss, der unter gewöhnlichen Umständen leicht zu überschreiten ist, immer noch ziemlich angeschwollen. Rauschend wälzte sich das schlammige Wasser dahin. Meine Begleiter mochten sich nicht zum Uebergange entschliessen, wir sondirten indess mit Stangen die Tiefe und fanden, dass der Ritt durch das Wasser doch möglich sei. Mit grossen Anstrengungen erreichten die mit Schlägen hineingetriebenen Lastthiere das andere Ufer. Ich gerieth beim Uebersetzen plötzlich in eine Vertiefung, was mich dem Ertrinken ziemlich nahe brachte. Glücklicherweise wandte sich mein Maulthier zur Seite, ich setzte mit aller Kraft die Sporen ein und gelangte noch glücklich hinüber.

Von hier führte der Weg in südöstlicher Richtung nach Trujillo, vorerst durch eine sumpfige, ungesunde Niederung, dann durch ein gut bebautes Flussthal. In später Abendstunde erreichten wir das Städtchen, das zwischen kahlen, öden Berghängen liegt. Von Trujillo aus wandten wir uns nach Nordost, überschritten einen Höhenzug und gelangten bald nach Santana, einem Oertchen, welches auf einer Anhöhe liegt, von der aus man einen grossartigen Rundblick auf die benachbarten Gebirge geniesst. Nicht gering ist die Zahl der Gipfel, die sich hier bis 3000 Meter erheben. Von Westen aus sehen wir die Llanos von Monai und einen Theil der Zuliatieflandebene; in weiter Ferne wieder glänzt der Seespiegel von Maracaibo. Der Weg von Santana in das enge Thal des Rio Caráche hinab ist recht steil und lehmig, so dass sich unsere Maulthiere wiederholt niederliessen, um den schlüpfrigen Hang hinabzurutschen.

Der Caráchefluss schlängelt sein klares Wasser in so zahlreichen Windungen dahin, dass wir etwa zwanzig mal überzusetzen genöthigt waren, was allerdings ohne Mühen erfolgte. Erwähnt sei noch ein glücklicher Schuss, der hier im Thale einen Adler (Spizaëtus ornatus) von einer Felszacke herabholte. Nachmittags erreichten wir das freundliche Städtchen Caráche, von wo ich einen sehr interessanten Theil der Cordilleren kennen lernen wollte, den nördlichen Páramo del Aqua Obispo (2765 Meter), der mir für meine Sammlungen viel zu versprechen schien. Ich gedachte daher hier wenigstens einen Monat zu bleiben, bevor ich die Cordillera verliess, um in die heisse Ebene von Quibor und Barquisimeto hinabzusteigen. Schon in Trujillo hatte ich von einer Revolution munkeln gehört, die in Tocúyo ausgebrochen wäre und sich gegen Caráche hin ausbreitete. Als ich nun im Gasthofe vom Maulthiere stieg und den Wirt nach meinem Reiseziele unterrichtete, wurde bald meine Hoffnung, es erreichen zu können, zu nichte. Er meinte, ich möge die Tour aufgeben, wenn ich nicht meine Begleiter und die Thiere verlieren wolle. „Ihnen, den Fremden", fügte er hinzu, „würde nichts geschehen, sie könnten ruhig weiter ziehen. Aber Ihre Männer und Ihre Maulthiere würden sicherlich zurückgehalten werden." Unter solchen Umständen musste ich auf die Weiterreise verzichten. Schon am nächsten Morgen wurde der Ort in einen kurzen Schrecken versetzt, denn vom Calvarienberge her kamen drei bewaffnete Männer herbeigeeilt. Es waren indess nur Ausreisser, aus deren Mittheilungen sich ergab, dass der Weg nach Tocúyo bereits vollständig abgesperrt sei. Sehr verstimmt trat ich den Rückzug an, auf demselben Pfade wo ich hergekommen war, und unmuthsvoll blickte ich auf die Höhen des Páramo de Aqua Obispo hinauf, von denen ich mir so viel versprochen hatte. Es blieb nun nichts anderes übrig, als den weiten Umweg nach dem See von Maracaibo zu machen, nochmals den Zuliawald zu durchqueren und vom Hafen Moporo aus mittels Segelschiff nach Maracaibo zu fahren.

Der Rio Jiménes, dessen Wasser nun klar und friedlich dahinfloss, konnte leicht übersetzt werden; bald erreichten wir auch Valera, wo mein Erscheinen Aufsehen erregte, da ich von einer Reise bis zur Küste gesprochen hatte. Wir blieben jedoch nicht an dem heissen Orte, sondern zogen gegen Westen nach dem über 1000 Meter hoch liegenden Dorfe Ponemesa. In der Nähe des Städtchens Betijoque ritten wir an dem steilen Hange nach der Sabana de Mendoza hinab, womit mein Aufenthalt in der Cordillera zum Abschlusse gelangte.

Wieder befand ich mich im Tieflandwalde und beeilte mich Los Añilas zu erreichen, das nur sieben Stunden vom Ufer des Sees entfernt ist. Hier wollte ich zweckmässig einige Zeit verbringen, wurde aber, wie früher schon erwähnt, von einem heftigen Fieber befallen. Einigermassen wieder hergestellt, suchte ich die Küste zu gewinnen. Es hatte in den letzten Tagen heftig geregnet, die Wege waren daher sehr schlecht, doch mein kräftiges Maulthier überwand glücklich alle Schwierigkeiten. In Moporo angelangt, trennte ich mich von meinen Begleitern und betrat die weit in den See hinausgebaute Landungsbrücke, die über den breiten Schlammsumpf des Ufers fortführt. Ein Kahn brachte mich an Bord des Schiffes, auf welchem ich bald Maracaibo erreichte, wo ich von Landsleuten aufs Herzlichste aufgenommen wurde.

Kleine Küstenfahrer mit geringem Tiefgange, welche bei günstigem Winde die Barra an der Mündung des Sees in den Golf von Maracaibo leicht passiren konnten, besorgten den Schiffsverkehr. Mir aber war

Landungsbrücke von Moporo am See von Maracaibo.

bei der Abfahrt kein günstiges Geschick beschieden. Nachdem wir drei Tage im sogenannten Bájo seco, innerhalb der Barra gewartet hatten, erhob sich Morgens eine kräftige Brise, die aber abfiel, als wir die engste versandete Stelle erreichten. Die Strömung warf unser Schiff auf den Sand, es gerieth immer fester auf den Grund und konnte selbst durch Auswerfen eines grosses Theiles der Ladung nicht flott gemacht werden. Die Nothflagge wurde gehisst; bald erschien ein Lootsenkutter und das Boot eines in Bajo séco liegenden deutschen Segelschiffs unter Kapitän Becker. Ihm und seinen Leuten habe ich es zu verdanken, dass wenigstens der werthvollste Theil meiner Sammlungen gerettet werden konnte; mehrere Kisten mit Orchideen unb lebenden Thieren gingen zu Grunde. Zu gutem Glücke war unser Schiff stark gebaut und widerstand allen Wind-stössen, so dass Passagiere und Mannschaft auf einer Sandbank in Sicherheit gebracht werden konnten. Der Lootsenkutter brachte uns nach Maracaibo zurück, wo unsere mitternächtige Ankunft keine geringe Ueber-raschung hervorrief. Wir waren völlig durchnässt, denn wir hatten uns zusammengedrängt auf dem Deck befunden, auf das häufig die Wellen schlugen. Nach einigen Tagen segelte ich mit einem kleineren Schiffe ab, und als wir jetzt die Barra passirten, was leicht erfolgte, war auch nicht mehr die Spur des gestrandeten Schiffes zu sehen.

Nach zehntägigem Kreuzen gegen widrigen Wind und ungünstige Strömung, sah ich endlich die wohlbekannten Berge von Puerto Cabello wie grüssend aus den blauen Fluthen tauchen. Bald befand ich mich wieder auf dem Miradór des Hauses Blohm, welches der zoologische Malerthurm genannt wurde, wo ich meine Sammlungen behufs Absendung nach England ordnen konnte. Wie früher schon fand ich auch jetzt bei Herrn und Frau Blohm die beste Aufnahme; das lebhafte Interesse, welches beide für Kunst und Natur hegen, fand auch in wiederholten Unterstützungen meiner Arbeiten ihren Ausdruck, so dass es mir möglich wurde, längere Zeit zu verweilen, auf weiten Ausflügen Fehlendes zu ergänzen, und auch manche mir liebgewordene Stelle nochmals aufzusuchen. Ich bewahre dieser Güte das innigste Gefühl der Dankbarkeit. Noch einmal konnte ich mich in die herrliche Natur des Thales von San Estéban vertiefen und mich dabei der ausgiebigsten Unterstützung und Gastfreundschaft, sowie des Anblicks trauten Familienlebens im Hause des Herrn Römer erfreuen, dem ich, wie auch Herrn Leseur und Herrn Ermen, zu grossem Danke verpflichtet bin. Ebenso gedenke ich der Herren Gruner, Schieremberg, Ruete, Becker, Baasch, Röhl, Valentiner, Gathmann, Bräuer, Lüdert, Nagel und noch anderer Landsleute.

Von San Estéban aus unternahm ich nochmals weitere Ausflüge durch den Gebirgswald nach dem See von Valencia bis zu den Llanos und konnte diesmal, begünstigt vom Wetter, von der Cúmbre dem 2600 Meter hohen Uebergange über das Küstengebirge aus, den unter mir liegenden herrlichen See von Valencia in verschiedenen Richtungen zeichnen, wovon ich hier noch ein charakteristisches Bild beifüge. Auch fand ich bei dieser Tour den merkwürdigen, schon durch Humboldt bekannt gewordenen Kuhbaum — Pálo de váca — der ein milchähnliches Harz enthält, von dem ich durch Einschnitte in den Baum bald eine Flasche voll sammeln konnte. In Kaffe gegossen, erinnert es in der That an einen Milchzusatz. Gar

See von Valencia (Tacarigua) vom Küstengebirge aus gesehen mit Malhütte im Vordergrunde.

oft habe ich mein „Atelier" in den Bergwäldern Venezuelas aufgeschlagen, ich gebe hier die Skizze eines solchen vom Küstengebirge, von der Cúmbre de Valencia, wo ich manche Nacht in Waldeinsamkeit zugebracht habe. Schreitet man das südlich vom See sich erhebende Gebirge ab, so fällt der Blick auf die Llanos mit ihren Palmenwäldern, Grasflächen und Chaparrobäumen. Silberfäden gleichend durchziehen zahlreiche Flüsse die scheinbar unendliche Ebene, während da und dort grössere und kleinere Lagunen erglänzen. In diesen Gewässern, besonders in denen der südlichen Llanos, lebt der merkwürdige Zitteraal Temblador, dessen Fang durch Pferde Humboldt Anlass zu der bekannten Schilderung gab. Jetzt scheint in Venezuela Niemand mehr etwas davon zu wissen, denn auf meine Anfragen erhielt ich nur ein verwundertes Kopfschütteln zur Antwort. Aehnliches widerfuhr auch Dr. Sachs, als er zum Studium des elektrischen Fisches nach den Llanos kam. Ein viel gefürchteteres Thier in diesen Gewässern ist der 15—18 Centimeter lange Caribenfisch, der, mit einem sehr scharfen Gebiss versehen, Menschen und Thieren gefährlich werden kann. Zeigt sich auch nur die geringste Blutspur im Wasser, so kommen die Unholde schaarenweise herbeigeschwommen, und der Mensch, der sich nicht nahe genug dem Ufer befindet, um sich rasch retten zu können, ist verloren.

Der Bewohner der Llanos ähnelt in seinem Gehaben den Gauchos der Pampas von Buenos Ayres. Er ist ein vorzüglicher Reiter und scheint mit dem Pferde, das ihn in rasender Eile über die pfadlosen Llanos trägt, wie ein Centaur verwachsen. Im Vollbewusstsein seiner Kraft und Kühnheit singt er:

Con mi lanza y mi caballo
No me importa la fortuna,
Alumbre ó no alumbre el sól,
Brille o no brille la luna.

Zu deutsch:

Mit meiner Lanz' auf hohen Rosses Rücken,
Was frag' ich nach des Schicksals Schlägen!
Sei schwarz die Nacht, mag hell der Mond mir blicken
Mich schert nicht Sonnenschein, nicht Regen.

Während aber der Gaucho über die ausserhalb der Tropen liegenden Steppen jagt, über die weite Pampa, auf welcher sich kein Baum, kein Strauch erhebt, die nur von wenigen kleinen Flüssen durchströmt wird, während er sich oft in den dicken Poncho hüllen muss, um sich vor der empfindlichen Kälte zu schützen — lebt der Llanero so recht im Tropengebiete, in der heissen Tiefebene, die nur stellenweise den wirklichen Steppencharakter trägt. Denn wie schon bemerkt wurde, ist fast überall Wasser und eine üppige Vegetation zu finden.

Laguna in den Llanos.

Nun wieder zurück zu dem schönen See! Ich wanderte an seinem Nordufer nach Carácas, in eine der schönsten Landschaften Venezuelas, nachdem ich in Valencia von dem gastfreundlichen Hause Fröhlke Abschied genommen hatte. Bei Guacára standen die Baumwollfelder in prächtigster Blüthe, und die reichen Thäler von Aragua, der Garten Venezuelas, luden zum längeren Aufenthalte ein.

Eine kurze Rast noch unter dem scheinbar für eine Ewigkeit geschaffenen Baumriesen Zaman de guere, und dann fort nach Carácas! Noch einen Blick auf das wunderschöne Thal, das inmitten seiner reichen Cultur die Landhauptstadt birgt! Von einem Hügel zwischen Antimano und der Stadt nahm ich die Skizze, nach welcher das beigegebene Farbenbild hergestellt ist. Im Hintergrund erhebt sich die berühmte fast 2700 Meter hohe Silla de Carácas, während der weiter zurückliegende Naiquatá noch gegen 180 Meter höher sein dürfte. Beide Gipfel bestieg ich und blickte von deren Höhe auf das Caraibische Meer hinab, dessen hoher Horizont durch tiefer lagernde Wolkenschichten noch höher vorgetäuscht wurde. Wie in der Luft schwebend erschienen die auf dem blauen Meeresspiegel dahingleitenden Schiffe.

Wie unser farbiges Bild und auch das Schwarzbild zeigen, ist die Bodengestaltung der Umgebung von Carácas sehr abwechslungsreich. Das Schwarzbild ist vom sogenannten „Alten spanischen Wege" aus aufgenommen, wenn man, von La Guaira kommend, den Rücken des Küstengebirges überstiegen hat,

Hochthal von Carácas von Nord nach Süd gesehen.

also von Nord nach Süd gesehen. Es zeigt das Hochthal fast in seiner ganzen Länge von La vega rechts bis links im Osten von Petáre, vor welchem im Mittelgrunde der Fuss der Silla zu sehen ist. Die ganze südliche Kette, weit im Hintergrunde, bildet das Grenzgebirge gegen die Llanos, und innerhalb dieses Gebirges liegt das weite, an Plantagen reiche Thal des Rio Tuy. Aus beiden Bildern ergiebt sich, dass von der Hauptstadt aus die lohnendsten Ausflüge nach allen Richtungen hin unternommen werden können. Friedlich und schön ist der Eindruck, den ein Blick von allen Anhöhen aus auf das Thal hervorbringt, überall erkennen wir eine hochentwickelte Cultur, eine Betriebsamkeit, gesegnet mit einem ewigen Frühling. Aber wie oft hat nicht die Kriegsfurie in diesem herrlichen Thale gewüthet, die Revolution verheerend gewirkt! Dass die wirklich patriotisch denkenden Venezolaner friedliebend sind, scheint ausser Zweifel zu sein; allein ihre Zahl ist zu gering, ihre Stimme nicht kräftig genug, um den revolutionären Bestrebungen ein Halt gebieten zu können. Wünschen wir, dass sich alles bald zum Besten des schönen Landes klären möge. Mehrfach hatte ich Gelegenheit, Zeuge von länger andauernden Kämpfen zu sein, von denen diejenigen um Carácas im Jahre 1870 am lebhaftesten in meiner Erinnerung geblieben sind. Nach dreitägigem schrecklichen Kampfe wurde die Stadt durch den General Gusmán Blanco, welcher später als Präsident Venezuela eine längere Reihe von Jahren in Frieden hielt, genommen. Bunt zusammen gewürfelte Horden drangen unter Geschrei und Schiessen von allen Seiten nach dem Hauptplatze, wo eine dröhnende Salve den Sieg des neuen Gewalthabers verkündete; — darauf unheimliche Ruhe! —

Bald nach den schrecklichen Kämpfen zeigte sich ein anderes Kriegsbild an der Küste, ein friedliches Kriegsbild, ein grossartiges Ereigniss, das alle anwesenden Deutschen mit heller Freude erfüllte und die Venezolaner in Staunen versetzte: das aus fünf stattlichen Schiffen bestehende deutsche Geschwader unter

Führung des Admirals Werner entfaltete hier die Flagge Deutschlands. Nie werde ich den mächtigen Eindruck vergessen, den diese stolzen Schiffe beim Einlaufen in die Bai von Puerto Cabello hervorbrachten; der Donner der gegenseitig grüssenden Geschütze fand in den Schluchten und Thälern der Küsten-Cordillera einen tausendfachen Wiederhall. Und als die Offiziere und Mannschaften in den Strassen der Stadt sich bewegten, da gab es ein Grüssen und Händeschütteln, ein Jubeln der ansässigen Deutschen. Es folgten Festlichkeiten, von denen besonders ein von den Kaufleuten gegebener Ball in der Stadt und einer an Bord des „Friedrich Karl" hervorzuheben sind. Der Saal wie das Deck des Schiffes prangten im Schmucke tropischer Pflanzen. Fast die ganze gebildete Bevölkerung war anwesend. Manch glühender Blick aus den schwarzen Augen der anmuthigen Creolinnen fiel auf die frischen Gestalten unserer Seeleute.

Ein dauerndes Freundschaftsverhältniss entwickelte sich zwischen dem Kommandanten Werner und mir; sein hoher Sinn für Kunst und Natur führte ihn oft zu mir. Aber nur zu bald schwanden diese schönen Tage dahin — eines Morgens lag die Bai von Puerto Cabello still wie früher da, und die Strassen der Stadt hatten wieder ihre gewöhnliche Physiognomie.

In jüngster Zeit hat sich Venezuela sehr gehoben. Man kann sagen, dass es nun in fortschrittlicher Beziehung an der Spitze der südamerikanischen Staaten steht, trotzdem sich neue Revolutionen hindernd geltend machten. Das vorliegende, der malerischen Schilderung der Natur gewidmete Werk ist jedoch nicht der Ort, wo dieser Fortschritt gebührend erörtert werden kann.

Venezuela war mir fast zur zweiten Heimath geworden. Und als nach acht Jahre langem Aufenthalte und Reisen nach allen Richtungen hin die Zeit des Scheidens kam, blickte ich mit einem Mischgefühl von Wehmuth, weil ich das Land verlassen musste, und Freude, weil ich endlich die Meinigen wieder sehen sollte, vom Deck des Schiffes aus auf das Küstengebirge von Puerto Cabello und auf die majestätische Silla de Carácas. Dann wurde das Zeichen der Abfahrt laut, die Schraube begann zu arbeiten, und allmählich verschwanden auch die bedeutendsten Höhen der Küste in duftiger Ferne unter dem Horizonte.

Unauslöschbar steht das entzückende Bild jedoch immerfort vor mir, den heissen Wunsch nährend, es in Wirklichkeit nochmals zu sehen. Ob er je in Erfüllung gehen wird? — -- — —

Á Diós Venezuela!

Verzeichniss der Aquarelltafeln.

Illustrationen im Text.